把人生裝成66升的背包獨自旅行世界440天

李芸綺

CHAPTER 4

克服未知才能自由

CHAPTER 5

撒哈拉一場久違的雨

CHAPTER 6

每到一地都像上了堂歷史課 170

CHAPTER 7

追尋的是執著的自己 186

CHAPTER 8

自我延長賽 216

CHAPTER 9

考驗J型人神經的驚喜 240

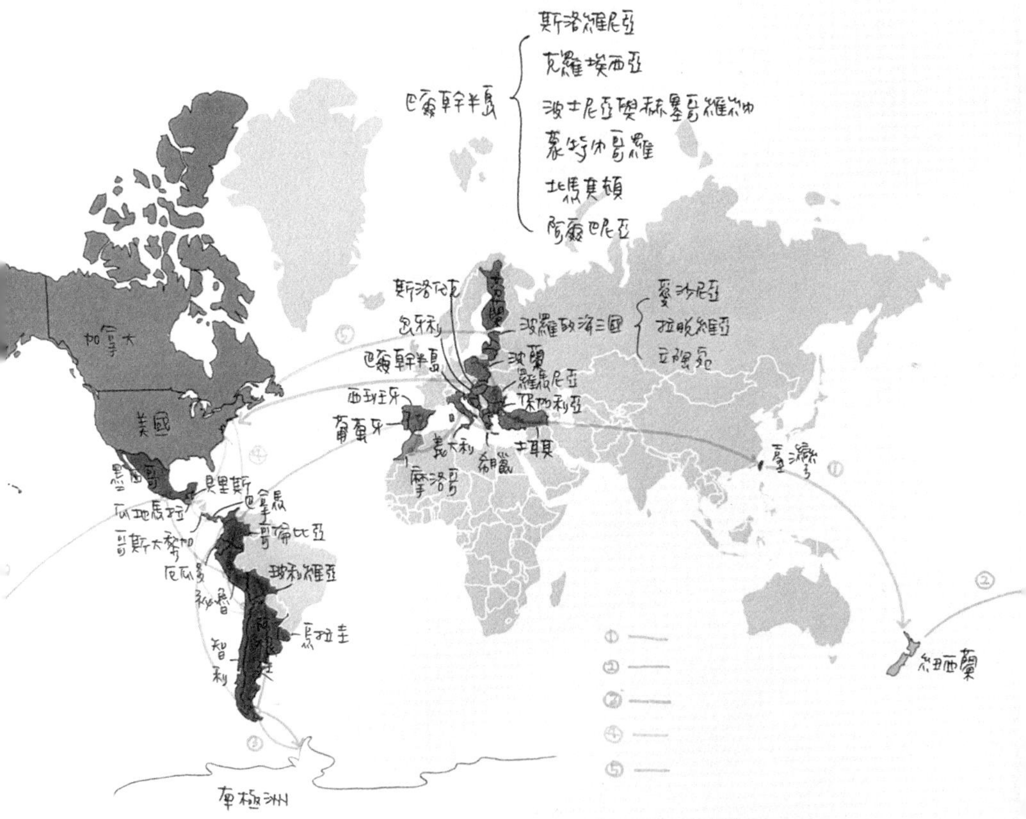

我的環球獨旅路線手繪圖。最終，我繞了地球兩圈，踏遍了七座大陸，走過了三十七個國家，這趟孤獨而華麗的冒險，總計流浪了四百四十天。

自序

跨越天空與大海的交界

二〇一八年的十二月底，和兩位友人前往日本京都過耶誕節，在入住青年旅舍的第一晚，就被一群聚集在大廳玩Uno紙牌的大學生給熱情招呼。在眾人的簇擁下，我們被拉到了長桌旁與大家比肩而坐。明明才初次見面，活力四射的他們便熱絡地和我們用英文與日語聊起天來，然而他們彼此交談時，所用的卻是我全然陌生的語言。

「我們是從墨西哥來的，說的是西班牙語。」就讀天文系而未來夢想進入NASA工作的Hibeth，一邊打開了手機的世界地圖，一邊向我介紹著。「墨西哥……《Coco》（可可夜總會）！」Neko、阿嘎和我不約而同地驚呼出聲。

說來慚愧，對世界史地知之甚少的我，對於墨西哥文化的認知，除了美味的墨西哥捲餅外，唯一的知識來源就只有那部二〇一七年由皮克斯出品的動畫電影了；我們三人隨後便興奮地整晚圍在Hibeth身邊，聽她解說有關墨西哥的一切。直到夜深，她用手機播放了西語版的《可可夜總會》主題曲〈Recuérdame〉（勿忘我）。

「歌曲中，我反覆聽到一個單字『Corazón』，那是什麼意思呢？」

臉上漾起燦爛笑容的Hibeth，將雙手高舉在自己面前，用拇指與食指俏皮地圍出了一個我最愛的形狀，「『Corazón』，指的就是『心』喔！」

那趟短暫的京都之旅，意外地為我敞開了通往墨西哥、甚至整個拉丁美洲的大門。回台後，我開始廣泛閱讀各種關於拉美文化的資料，越是深入了解這片魔幻土地，越是為之著迷。「希望未來的某天你能造訪墨西哥，真想帶你看看這個我深愛的美麗國家。」然而越是想回應Hibeth傳來的邀請訊息，卻發現絆住自己腳步的日常瑣事越來越龐雜。

結束了漫長七年的中醫學系求學生涯，以及額外兩年的負責醫師訓練後，同儕們無不全心投入於臨床工作，我這浪漫到近乎瘋狂出走拉丁美洲的夢想，益發顯得不切實際。我將自己荒誕不羈的叛逆靈魂，奮力塞入這個社會所賦予的框架中，持續扮演著外界所期盼的角色——一名中醫師、一名好學生、一名乖女兒，正如同多年來反覆練習至爐火純青那樣，直至就要想不起自己原來的模樣。

二〇二〇年初，新冠疫情爆發，恐懼、焦慮、不安這幾頭蟄伏在洞穴深處的巨獸，像是經歷了漫長冬夜後終被喚醒，齜牙咧嘴地朝我撲來。面對醫療需求的急劇攀升，我連消化上述負面情緒的喘息時間都沒有，在每日忙碌且機械式的看診生活中，察覺到內心的某部分正在逐漸崩塌。「再撐一下吧！」每晚睡前我總對自己這麼說。然而這一撐，就是兩年。

漸漸地，單調乏味的現實將我曾有過自由奔放的熱情給消磨殆盡，疫情困住的不只是我的軀體，更禁錮了我的心靈。

「這樣的人生真的是我所要的嗎？如果明天就要迎來人生的終點，我已不抱任何遺憾了嗎？總是活在他人的期望下，那什麼時候才能試著為自己活？」

縱使被視為離經叛道，我決定不再背叛自己的心。二〇二二年十月，我辭去了相對穩定、甚至有機會晉升的職務，毅然告別了長達八年的中醫師生涯，並將這三十多年的人生，總結成一只六十六升的登山包，扛上肩，孤身踏上了這趟充滿未知的旅途。

我想，往後的人生裡，再沒有這樣的機會，甚或再沒可能提得起如此巨大的勇氣，捨棄曾經擁有的一切，孑然地浪跡天涯。既如此，除了墨西哥，除了拉丁美洲，突然好奇起來，世界如此之大，渺小的我，獨自一人，究竟能走多遠？

最終，我這趟孤獨而華麗的冒險，總計流浪了四百四十天。

最終，我解鎖了七大洲，走過了三十七個國家：紐西蘭、墨西哥、祕魯、智利、玻利維亞、阿根廷、烏拉圭、厄瓜多、哥倫比亞、西班牙、葡萄牙、摩洛哥、義大利、梵蒂岡、克羅埃西亞、斯洛維尼亞、匈牙利、斯洛伐克、希臘、阿爾巴尼亞、北馬其頓、蒙特內哥羅、波士尼亞與赫塞哥維納、美國、巴拿馬、哥斯大黎加、瓜地馬拉、貝里斯、加拿大、芬蘭、愛沙尼亞、拉脫維亞、立陶宛、波蘭、羅馬尼亞、保加利亞、土耳其，並且還到了世界的盡頭——南極。

在這趟環球旅行途中，我穿破了三雙鞋、背破了兩個行李袋，經歷了祕魯政變、人民抗議，導致馬丘比丘關園、機場關閉、道路封鎖，途中還感冒了四次、眼睛感染了兩次、腸胃炎臥床了兩次；但在完成我最初設定的目標——流浪一整年之前，沒有任何一次曾有過放棄的念頭。

數不清有多少次，因為親眼見到了夢中的美景而淚流不止，因為親身造訪了兒時讀物中的世界遺產而雀躍不已。至今仍記得初次朝聖墨西哥太陽金字塔的感動，彷彿也還能見到亡靈節的遊行隊伍在我眼前舞蹈，耳畔響起的是在加拉巴哥群島和錘頭鯊群共潛時自己巨大的心跳聲，每當風揚起時嘴裡似乎總能再次嘗到阿塔卡馬的細沙。我最想念的莫過於那晚在巨大摩艾像群上觀賞到的流星雨，以及烏尤尼鹽沼上的魔幻月升、在烏斯懷亞的燈塔之後找尋世界盡頭、抵達南極之後是否再無遠方。

然而也是在見了無數壯闊美景、走遍天涯海角後，才發現這趟旅程中，真正撼動我的，是沿途邂逅的那些美麗靈魂，與他們各自的生命故事；更是從他人給予的無私的愛中，我終能將自己原本破碎的心，一片一片地撿拾拼湊；更是從他人給予的溫暖擁抱裡，再次學會如何擁抱不完美的自己。

本書獻給這四百四十天來所有的美好相遇，獻給那些我旅途中最美麗的風景。

楔子

逃避並不可恥，但我也躲太遠了吧？

電影《魔戒》末日火山的取景地，位於紐西蘭北島的東加里羅（Tongariro）火山其上的翡翠湖。

✦ 紐西蘭

膽小的我也可以出發去流浪嗎？

二〇一〇年的暑假，在兩位國中同學的邀約下，前往美國黃石公園打工旅遊。那是我人生中第一次踏出台灣這片土地，初次感受到那無垠天空可以是如此遼闊；同時也是我人生中第一次學會，如何打開自己的心毫無保留地接納，並擁抱這個世界。

而Nay是當時被安排與我同梯打工的其中一位朋友，我們白天在廚房裡一邊洗碗一邊唱歌，建立起深厚的革命情感，下班後總是一起前往黃石公園內最著名的景點，享盡特權獨占著老忠實間歇泉（Old Faithful Geyser），品嘗遊客已散的靜謐，躺在草地上奢侈地望盡滿天星斗，互相傾訴彼此對未來的不安。

有著與現在大相逕庭的性格，小學導師在我的期末評量表所註記的評語，總是不外乎「文靜內向」四個字，不擅長與人互動的我，在小學五年級時遭到同學霸凌。

然而在黃石公園，來到大地之母的腳邊，強烈感受到自己是何其渺小無助，退縮回一個呱呱墜地的嬰孩，自童年起所積累的每道傷疤，就這樣一覽無遺。儘管無處可藏，卻也無需逃跑了，因為她以洞悉一切卻不帶偏見的眼光，悉心檢視，再一針一線小心縫補。

直到那時才明白，原來自己也可以是個獨一無二的存在。那個暑假，對我而言是場救贖，更是重生。告別了那可謂我人生中所度過最璀璨的夏天，大學的新學期開始了，我回到課堂，埋首於書堆，全力準備第一階段的中醫師國家考試；而Nay返回中國廣東後不久，便前往英國攻讀碩士，畢業後又輾轉到了紐西蘭就業。即便相隔千里，彼此仍是心靈相通的摯友。

然而過去那段海外打工的經驗，歷經了無數時光的澆灌，已悄悄在我心中萌芽，並蛻變成了前往世界各處旅行的夢想。畢業後進入職場，我利用一年中會有的連續假期，相繼前往了英國、法國、德國、紐西蘭、奧地利、捷克、匈牙利、菲律賓和數次日本。

像是拿著編劇所交付相對賣座的劇本，我依循著導演的意志，並背負著社會全體的期望，流暢地將早已牢記在腦海中的台詞，一字不漏地全盤背出。然而卻越來越懼怕落幕的那一刻，當掌聲停歇，觀眾各自散去，站在闃黑的舞台，獨自一人的我不得不面對自己內心的聲音，「這就是我要的人生嗎？」

想要親眼去看看這壯麗而廣袤的世界，用雙腳踩踏每塊陌生的土地，再試著以自己的心去承載大自然所賦予的感動，這樣的念頭成了癮，卻在還沒來得及填補內心渴望之時，還在猶豫著到底要不要跨出那關鍵一步前，疫情來臨。

一年、兩年，時間就這樣在忙碌的生活中轉瞬即逝，看著身邊的友人們一個個買房、成家、事業蒸蒸日上，儘管被強烈的同儕焦慮給矇得近乎窒息，但刻意忽視的流浪魂，卻越來越常在夢境中高聲吶喊。不能再等了。It's Now or Never.

於是，二〇二二年後半，我遞出辭呈，像是要將過往拋在身後般，世界旅行的第一站，我飛越了太平洋，前往遠在南半球的國度——紐西蘭。之所以會刻意繞路且不尋常地二訪紐西蘭，或可說是因五年前和旅伴們到南島旅遊兩週的回憶過於深刻，也可說是想重溫十多年前和夥伴們一起在黃石公園打工旅遊所度過的美好歲月。但我十分清楚，上述理由都是華而不實的官方說法，至於真正的原因，不甘於平凡並渴望成為瀟灑率性獨旅背包客的我，怎可能說得出口？

從台灣出發前，信誓旦旦地昭告天下，這趟環球獨旅冒險至少一年，並且將從探索神祕魔幻的拉丁美洲為起始。然而，在準備訂下第一段機票時，雙手卻無法克制地不住顫抖。我好怕，害怕前往這段未知的旅程，害怕踏上那片未知的土地，害怕即將面臨的未知的挑戰。而我最害怕的，是只有自己一個人。

因此，荒謬至極地，我在「出逃」至拉丁美洲的前一刻，居然又「逃走」了，更改目的地為紐西蘭，投宿於Nay在奧克蘭的家，暫時將自己安置在以老友與回憶構築而成的舒適圈內。

「這段旅程中你期望獲得或找尋到什麼？」抵達奧克蘭的第一晚，便與Nay促膝長談至深夜，不敵時差而意識逐漸朦朧的我，突然被這道題直擊腦門，瞬間拉回現實。

這段旅程只是我逃避現實的一個冠冕堂皇的理由，同時也是逃避自我的一個天真爛漫的藉口。只要將自己放逐到一個無人知曉的海角天涯，是否就能將過去那個千瘡百孔且晦暗不堪的自我，埋葬在冰天雪地的世界盡頭？而在內心最真實的自己追趕上來之前，只要我的腳步毫不停歇，不斷地在各個國家間移動，不斷地從某個城市中出逃，是否就再無需面對脆弱、孤獨、自卑、平庸這些情緒怪獸？

「現在的我變得好膽小，完全不敢懷抱任何期望。萬一這趟曠日費時又散盡積蓄的旅程結束後，我什麼也沒改變，那該怎麼辦呢？」

Nay幾乎是不假思索地回應我，「怎麼會呢？這趟旅程你即將認識許多不同國家的人們，並體驗各種截然不同的生活方式，而每次與他人的對話，必將成為你日後人生的養分，絕對不會白費的！」

「而且與十多年前相比，現在的你，更加勇敢了呀！」

CHAPTER 1

黑夜過後必有光

天空之鏡烏尤尼的夢幻日落。

◆ **墨西哥**

¡Viva la Vida!

憲法廣場上的爵士樂手

不能永遠耽溺於美好的過去，我終究得不斷向未來前進。

事後回想，總覺得這趟旅程命定得不可思議。

五年前的耶誕節，在日本京都認識了一名墨西哥女孩Hibeth，儘管僅短暫相處一晚，但同為《庫洛魔法使》瘋狂粉絲的我們，因有了共同喜好而持續保有聯絡。正是她，為我敞開了墨西哥的大門。回台後，我便開始學習西班牙語，進而對拉丁美洲產生了濃厚興趣。二〇二二年初，在這趟環球旅行夢想萌芽之際，向Hibeth做了旅遊諮詢，當時便得到她的熱情邀約，「要不要先從墨西哥開始，再一路往南探索呢？」

然而即將從紐西蘭飛往墨西哥的前一晚，我卻在Nay家的沙發上輾轉難眠，對於即將探索這從未造訪過的神祕國度，偷竊、搶劫、毒品、槍枝、綁架等，種種刻板印象不由自主地朝我的大腦席捲而來。然而，出乎意料地，原先懷抱著的極度緊張與焦慮的情緒，卻在進入首都墨西哥城（La Ciudad de México）的當下便煙消雲散。我前往位於歷史中心區的青旅辦理check-in手續，一踏進門就被附設的酒吧ＤＪ播放的電音舞曲給震醒，而青旅也為了兩週後的亡靈節布置了相關主題，中庭內的樓梯欄杆上吊滿了骷髏與靈獸。親切的職員Pavel指引我至五人房寢室。我火速丟下行囊後，便迫不及待地循著震天巨響的樂音往街上走去。

在憲法廣場（Zócalo）某個轉角，被一組爵士樂團給深深迷住，正當我全身上下的

首都墨西哥城的憲法廣場，以霓虹燈飾為兩週後的亡靈節布置了相關主題。

每個細胞都沉浸於美妙的音符中，眼角餘光卻瞥見一直待在舞台旁一位看似樂團經紀人的爺爺，正一面指著我、一面和薩克斯風手竊竊私語；下一秒，爺爺便走上前來將我一把抓了上台，並將我安置在離薩克斯風手跟前不到十五公分距離的搖滾區，然後……

薩克斯風手突然就這樣對著我，深情款款地吹奏了一段獨奏！我的天啊！這是什麼VVVIP級的待遇呀！抵達墨西哥的第一晚，我就已情不自禁愛上了這個熱情的國家了。

瓦哈卡的可可夜總會

我對亡靈節的認知，源於二〇一七年的皮克斯動畫電影《可可夜總會》，而這也成了我造訪墨西哥的強烈動機。

亡靈節在墨西哥是非常重要的節日，家人與朋友們團聚以悼念逝者，這樣的傳統習俗源自於阿茲特克（Aztecas）文化。阿茲特克人相信死後靈魂不會消逝，會永恆地存在於地下世界（Mictlán），因此家中或墓園裡必須設置私人祭壇，以迎接所愛家人們在每年十一月一日與十一月二日暫時返回人間。

布置祭壇有幾樣必備物品，首先最上層會擺放逝者照片，以及十字架、聖母瑪利亞或聖人的畫像。第二層則是水和麵包，慰勞逝者從冥界長途跋涉至人間的艱辛；再來是鹽，用以淨化逝者的肉身。

最底層常擺滿白色蠟燭，象徵著光亮、信仰與期望，其火焰引導著靈魂返回人間；同時，燃燒柯巴脂的薰香，以淨化逝者的靈魂；不可或缺的則為象徵純潔的萬壽菊，必須從屋外或墓碑前直至祭壇，鋪出一條美麗的亮黃色小徑，藉此指引逝者回到熟悉的家與所愛的親友身邊。而墨西哥的國民飲品——龍舌蘭酒也是祭壇上的常見品項，除了上述必備的幾樣祭品，墨西哥人還會依逝者生前的喜好，為其準備各種物品，例如CD、吉他、玩具等。

儘管墨西哥各地紀念亡靈節的日期有所不同，有的地區甚至會提早兩到三週便開始舉辦相關活動，但相同的是，這段時間全國上下都點綴著繽紛色彩，到處彌漫著喜悅與生命力的氛圍，因為在墨西哥人根深柢固的觀念裡，死亡並不是生命的終點，而是另一段嶄新人生的開端。

將深度體驗亡靈節做為首要旅遊規劃的我，便將目標鎖定在瓦哈卡（Oaxaca）。甫抵達瓦哈卡，立刻被這活力四射的城市掃去搭乘長途夜車的疲憊。循著令人不由得想跟著手舞足蹈的樂聲前去，瞧見了一組又一組身著精緻傳統服飾的隊伍，高舉著造型各異的手杖與旗幟，跟隨著節奏一邊旋轉一邊踏著輕快舞步，不時還會聽到人群中有人高喊「¡Viva Oaxaca!（瓦哈卡萬歲！）」。我眼前所見是歌頌死亡之舞、耳畔所聞則是讚揚生命之聲。冥界與人間在此時、此地，透過在場所有人臉上洋溢的溫暖笑容，搭建起了一座由期盼與思念堆砌而成的橋梁。

數日之前，在墨西哥城的青旅，認識了來自法國的舞台劇演員Cécile，發現彼此非常有默契地在亡靈節這兩天都會待在瓦哈卡，於是和她約定好今晚在主廣場碰面，並由她一位長年居住於墨西哥的菲律賓朋友Felipe，為我們進行導覽。

亡靈節首日，瓦哈卡的中央墓園（允許外人進入參觀與攝影拍照），許多墓碑以蠟燭與鮮花布置，華美典雅又不失莊重。隨著時間越接近午夜，越來越多的人攜帶各種食物和飲品，前來團聚在自己親人的墓碑旁，守候著所愛之人歸來。

西班牙在殖民墨西哥的時期，將宗教帶到這片土地，因此我們所見多數為天主教墓碑。Felipe說，即使是信奉天主教的家族，仍然遵循著守靈的傳統，如此獨特的多元信仰，已完美融合成為墨西哥的文化根源。

「在墨西哥的信仰裡，靈魂是永恆不滅的，肉身死後，靈魂會進入不同的世界裡繼續生活。就我們而言，死亡並不是一切的終結，而是下一段人生的開始。」Felipe一邊啜飲梅斯卡爾酒、一邊解釋著。「死亡並不可怕，只要不被遺忘，你就能永遠活在所愛之人的記憶中。」

午夜十二點的魔幻時刻到來，家人們高聲歌唱並念誦禱詞，祭壇前的蠟燭被逐一點亮，宛如白晝。我衷心感謝各種命運的安排，讓我得以在當下共同經歷，這個逝者與生者靈魂交錯的瞬間，眼前這些充滿愛的美好畫面，將永久地封存在我的記憶中。

而我也禁不住地好奇，直到我隨風而逝的那天，也會有人在墳前為我歌唱嗎？

在墨西哥唱卡拉OK成就解鎖

第一次在海外獨旅這麼長時間，又是身處在一個語言還不太通的陌生國度，和生性樂天且熱情奔放的拉丁美洲人，或是對各種社交場合如魚得水的歐美住客截然不同，我在墨西哥旅行的第一週畏縮又內向到不行，從語言學校回到青旅後，往往害羞地向櫃檯職員匆匆打了聲招呼，便躲回自己的寢室裡去。

但我必須說，當初選擇住宿「Hostal Regina DownTown Mexico City」這家青旅，無疑是這趟世界旅行中最棒的決定。而若不是同寢室友、來自墨西哥恰帕斯（Chiapas）州的Jessi，那天主動與我搭話，並邀約我一同出遊，這兩個月的墨西哥之旅就不可能如此精采可期。

「要和我們一起去唱卡拉ＯＫ嗎？」週日晚上在櫃檯和青旅職員們聊天的Jessi向我問道。儘管隔天一早六點還得通車去學校，但想著這或許是一生一次的機會，能在墨西哥唱卡拉ＯＫ……「我超愛唱歌的！好，我要去！」

於是當天晚上十一點半，我跟著一大群青春洋溢、充滿活力的青旅職員前往了傳說中的……等等，這不就是台灣鄉下常見的那種，長者喜愛聚集在一起的，點一首歌要投十元的傳統小吃部嗎？

和台灣不一樣的是，這裡的卡拉OK沒有私人包廂，大家要在紙上寫好曲目和自己的名字交給老闆，由老闆按照順序一一播放音樂錄影帶並唱名，隨後才能輪流站到舞台中央，而音樂錄影帶和配樂也不是原版的，並且沒有MV畫面，只有字幕播放，優點是不用入場費，但每人低消至少要點一瓶啤酒或碳酸飲料，老闆則會一直送餅乾與花生等下酒菜來。而今天我總算品嘗到在墨西哥的第一瓶啤酒——可樂那（Corona）了。

墨西哥的道地喝法是會另外擠檸檬汁進去，並沿著瓶口灑上些許鹽巴；Alfonso還讓我試了一口墨西哥的國民飲料——梅斯卡爾酒（Mezcal），Pavel解釋梅斯卡爾酒的原料和龍舌蘭酒一樣，都是墨西哥特產的龍舌蘭屬植物「Agave」，只是梅斯卡爾酒的後勁也太強了吧！

大概每六至七人唱完歌後，是中場休息時間，老闆會播放各種不同類型的拉丁美洲音樂，此時所有人皆可自由地到場上跳舞，沒想到今天也同時成了我的第一堂滾比亞（Cumbia）和騷莎舞（Salsa）入門課。

「不，我不會跳舞！」擁有肢體障礙、此生唯一跳過的舞叫做「健康操」的我，慌張地推辭著。

「怎麼可能？跳舞就和呼吸、喝水、睡覺一樣簡單自然，我們墨西哥人生來都會跳舞！」

在我還沒來得及反應，Pedro早已抓起我的手往舞池前去。儘管他是位極有耐性且優秀的老師，但整支舞下來我依舊不知踩了他的腳幾回，並且始終搞不清楚何時得更換步伐方向，又何時必須轉身。

「YunChi!」被主持人唱名了！

有別於跳舞時的驚慌失措，此時的我從容不迫地走上前，至舞台上調整好麥克風高度後，前奏一下……

「接下來這首歌要送給你們，把你們的雙手舉起來！」

我業餘主唱的職業病立刻犯了，而熱情的墨西哥人果然從來不會讓人失望，除了我們那桌高聲尖叫外，連別桌一堆不認識的朋友，居然也跟著跳進會場中央，熱舞了起來！這真的是我所擁有過最精疲力竭、卻也是最棒的卡拉ＯＫ經歷了。

「我去過無數次卡拉OK，昨晚卻是我第一次看到那麼多男同志在場上如此開心跳舞。謝謝你昨晚唱的歌，為我們帶來了未曾有過的氣氛和體驗，而那首歌對我來說，意義重大。」隔日就在我準備出門經過櫃檯時，平常總愛打鬧開玩笑的Evan，突然拉住了我，對我說了這段真摯告白。

隨後，我們便在青旅大廳，忘情地再度高唱著昨晚我點播的〈Born This Way〉。

要我怎麼能不愛墨西哥人？

由特奧蒂瓦坎（Teotihuacán）文明所建造的太陽金字塔（Pirámide del Sol）、馬雅文明所遺留下來的烏斯馬爾（Uxmal）與圖盧姆（Tulum）遺址、目前已知世上最大的喬魯拉大金字塔（Gran Pirámide de Cholula），當然不得不提及世界新七大奇蹟之一——奇琴伊察（Chichén Itzá）；細數我在墨西哥的日子裡，造訪了無數座馬雅人令

世界新七大奇蹟之一——奇琴伊察金字塔。

人歎為觀止的心血結晶，縱觀數學、天文、曆法、建築、藝術、文字、宗教，思索著古人的智慧是何等驚人，竟能企及繁星的高度，每每仰望這些歷時千年的偉大遺跡，便益發感受到自身的渺小。而我世界旅行的頭兩個月，就在穿梭語言學校與馬雅文明間，飛快地度過了。

然而，獨旅之於缺乏經驗的我果然還是太辛苦，夜深人靜時分常感受到龐大的孤獨感，就連熟睡時也不知已夢過幾回台灣的朋友和家人們。特別是數週前，因水土不服導致腸胃炎，整整七天未癒，下課回青旅只能全身無力躺床，每天都好想哭著爬回台灣找大家撒嬌。當時才發現原來意志力和精神力，真的會被肉體狀態給消磨殆盡。

雖然這也不是什麼競賽，但超級倔強的我每每在雙腳又起水泡、或又被沒來由的寂寞巨獸啃噬時，總會萌生「現在放棄不就等於認輸了嗎？我才不會低頭呢！」這樣的想法，似乎又能再往前邁進一步。

儘管如此，獨旅的迷人之處著實無法盡數，也是直至今日才赫然驚覺，這是我待在墨西哥的最後一天了。做為第一個造訪的拉丁美洲國家，宛如銘印效應般，在不知不覺中，已對墨西哥產生了相當濃烈的情感，當然我想其中最重要的原因，絕對是這些可愛的墨西哥人們，以及我在這裡所認識的重要朋友們，彼此間產生的羈絆。

初來乍到墨西哥，對交通路線困惑不已的我，得到了許多當地人的幫助。有即便和回家反方向，卻堅持帶我到目的地，一路上還不停充當專屬攝影師的女士；有明明上班要遲到了，卻堅持陪我等到公車來，一面還交代旁邊乘客照顧我的男士；有即使必須坐過站，也要幫我開道，好讓我順利從擁擠不堪的地鐵上順利下車的學生。我甚至還記得第一次搭乘當地野雞巴士，手上已無零錢支付，卻見司機轉頭對全車說了些，是當時西文程度仍屬初學者的我聽不懂的話，轉瞬間便有三、四名乘客紛紛掏出銅板遞給我，最後我的手心盛滿了足以讓我搭乘十趟巴士的車資。

青旅同寢室友Jessi，如果那天她沒有主動來找我打招呼，並在後來不斷邀我和大家出門玩耍，這兩個月就不可能有這麼多美妙且特別的體驗；抵達墨西哥的首日，當時緊張到不行的我，遇見了櫃檯接待人員Pavel，讓我的焦慮瞬間緩解的他的笑容，便是我對墨西哥的第一印象；風度翩翩無時無刻保持優雅姿態的知識通Pedro，非常溫柔體貼的他，每次到卡拉OK或夜店，總會撐著眼皮直到護送Jessi和我平安回家；而我永遠不會忘記唱完〈Born This Way〉的那天晚上，時尚滿點的小可愛Alfonso，在我下台時給的溫暖擁抱。

至於我最愛的Evan，儘管我們之間仍然存在著些許語言隔閡，但不知為何他的笑點我總是一秒即懂，而我腦海中的千思萬緒他也都能立即捕捉，Evan常開玩笑地說，我們或許是心靈相通失散多年的兄妹呢。

要我怎麼能不愛墨西哥人呢？

◆ 祕魯

馬丘比丘一直都在

來去修女院住一晚

待在墨西哥的最後一週，某日突然收到來自Scott學長的訊息，「祕魯最近好像不太平靜，卡卡你下一站是不是要過去？可能得留意一下相關消息。」

在墨西哥過得太過安逸，此刻才驚覺風雨欲來的我，趕緊著手查詢國際新聞，結果卻被排山倒海的資訊給壓得喘不過氣來。

二〇二二年十二月中，祕魯發生政變，人民極度不滿當時總統，進而引發一連串的抗議潮，其中以庫斯科（Cuzco）與普諾（Puno）這兩座城市規模最大，且情況最為嚴峻。而庫斯科正是通往馬丘比丘的門戶。

二〇二二年十二月十四日，祕魯政府宣布接下來的三十天，全國進入緊急狀態。

庫斯科機場正式封鎖，數百名旅客被困在馬丘比丘山腳下的熱水鎮（Aguas Calientes）無法離開；而祕魯國家鐵路的「庫斯科—馬丘比丘」路線，也於十五日起無限期停駛。至於名列世界新七大奇蹟之一的馬丘比丘，甚至因此關閉，禁止遊客前往。

人生果然就是由一連串的抉擇構築而成的哪！面對著最期待的馬丘比丘，即使種種不確定因素與未知的壓力來襲，我依然決定在結束墨西哥行程後，就飛往祕魯首都利馬（Lima），在當地等候一段時日，以便隨時觀察是否有前往馬丘比丘的機會，且戰且走。在得知我最終的決定後，台灣的英文老師Sandy便捎來訊息，「我有位祕魯學生

Blanca，她在幾年前來台灣學英文，今年正好回利馬服務了。我剛跟她說明了情況，她說可以接待你住宿喔！大家都很歡迎你，而且有當地人照應也比較安全。」

原先惶惶不安的心瞬間安定了下來，我心懷感激地回傳，「真是太感謝了！不過Blanca是與家人同住嗎？我這樣過去會不會太打擾呢？」

「算是家人沒錯喔！教會的家人。Blanca是修女，目前就住在利馬市區的一座修道院裡。」

於是，我人生第一次入住修女院的神奇經歷，就此展開。

一週後，我平安飛抵利馬。甫入境就嗅到空氣中彌漫著的不安氣息，接機大廳管制森嚴，入口處也部署了全副武裝的滿滿警力，慶幸Blanca修女遠遠便認出了我，接我上車。返回修女院的路上，和直率開朗的Blanca雖然才初次見面就相談甚歡。抵達時已是晚間十一點，貼心的Rocio修女居然還特地幫我留了熱騰騰的飯菜，暖胃更暖心。

隔日一早，Blanca一一介紹同住在修女院的修女奶奶們，慈祥又和藹的大家圍著我，貼心地放慢語速連番與我聊天，並且不斷地對著我說：「歡迎來到祕魯，從現在起，這裡就是你祕魯的家。」

當Blanca提及我正在進行的環遊世界計畫時，修女們紛紛讚賞我的勇氣，但我卻深感心虛，因為在大家面前，我的這趟旅行根本連「冒險」都稱不上。眾修女們都是在數十年前，便決定將自己的一生奉獻給上帝，在十幾二十歲的少女時代，就得隻身被分派到東南亞或非洲等遙遠異地宣教，當時還沒有網際網路的年代，不僅旅遊資訊不普及，交通也極度不便，更遑論存在的語言隔閡與文化差異。

有位修女回憶起，當年首次被派往印度，和所有乘客擠在狹小又陰暗的客艙，晃啊晃的忍受了三週的航程才抵達目的地。修女奶奶們完全是我世界獨旅的前輩哪！

修女院的耶誕夜

原先規劃從祕魯首都利馬一路往東，經庫斯科至阿雷基帕，再走陸路前往普諾，從的的喀喀湖進玻利維亞。然而在利馬等待了數日未見局勢好轉，庫斯科的氣氛依舊劍拔弩張，宵禁持續執行，原想放棄跳過，直接下飛至阿雷基帕，再搭巴士到普諾，沒想到如今連普諾的陸路也被封鎖，甚至還有遊客被困在車上一天一夜。

馬丘比丘一直都會在的。

內心掙扎了數日，在審慎考量生命安全後，最終放棄了原先排定的祕魯行程，決意於十二月二十五日從利馬直接往南飛智利。也就是說，今晚這個最重要的節日——耶誕夜，將是我與修女們相聚的最後一晚。

大家從下午開始就為了豐盛的耶誕夜晚餐而忙碌地布置餐桌，除了鋪上充滿耶誕氛圍的紅色桌巾，就連餐紙也特別替換成可愛的耶誕老人樣式。

耶誕晚餐的主食是塞了火腿、起士、黑棗和許多香料的烤火雞佐蘋果與桃子醬，搭配arroz árabe食用，那是一種將長米另加少許天使細麵與葡萄乾一起烹煮，並以鹽、蒜末和油調味的飯食；甜品是綜合水果拼盤，玲瓏的透明玻璃小缽中，盛裝了淋上糖漿的桃子、橘子和黑棗。

而在祕魯耶誕夜餐桌上一定會出現的甜食還有一樣，那就是修女們的最愛——巧克力！每人面前都擺了一盤超豪華巧克力拼盤，另外還附上了西班牙耶誕節的標配——口感類似牛軋糖的杜隆糖。我拿出稍早自超市買回的兩盒巧克力加碼分送給大家，修女奶奶們居然開心地集體鼓掌歡呼，超級可愛！耶誕晚餐後，我們圍成一個大圓圈，唱著一首又一首的耶誕詩歌，並倆倆牽起手來緩緩地轉圈跳舞；最後是交換禮物時間，想不到修女們居然也準備了我的禮物。我小心翼翼地拆開閃亮的包裝紙，裡面是一條作工精美的刺繡手帕、一只手工編織的小零錢包、鑲有小型布娃娃的原子筆、一瓶香水及一張Blanca的手寫卡片。

「我們修道院很開心能夠和你一起慶祝耶誕節，願這份喜悅永遠留存在我們心中。——來自Patrocinio修道院全體修女的愛。」卡片最末附上了Blanca和其他十位修女的親筆簽名。

我緊抓著卡片，熱淚盈眶地向大家一一道別，修女們也誠心地為我接下來的旅程禱告，大夥兒還熱情邀我明年一定要再返回祕魯，或者是乾脆留下來成為新的修女姐

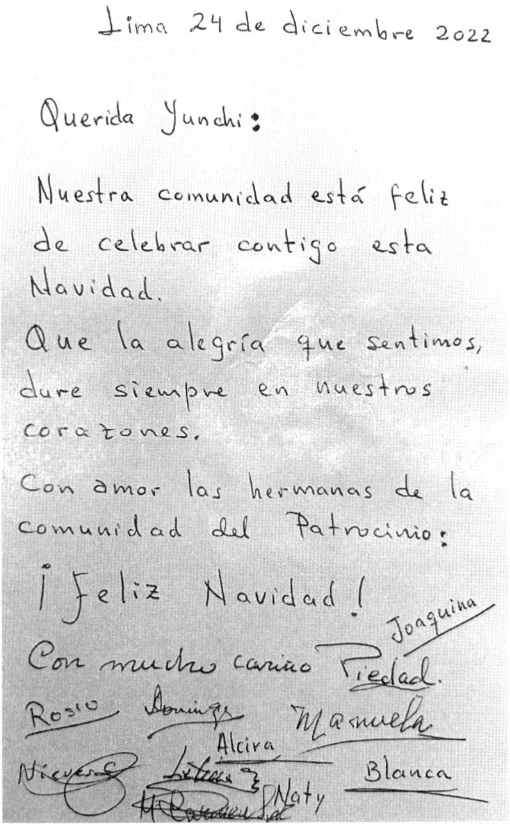

Lima 24 de diciembre 2022

Querida Yunchi:

Nuestra comunidad está feliz de celebrar contigo esta Navidad.

Que la alegría que sentimos, dure siempre en nuestros corazones.

Con amor las hermanas de la comunidad del Patrocinio:

¡Feliz Navidad!

Con mucho cariño Piedad.

Joaquina

Rosio

Manuela

Alcira

Naty

Blanca

在耶誕夜收到了Blanca的手寫卡片，卡片最末附上了Blanca和其他十位修女的親筆簽名。

妹！（笑）

在動盪的時代，卻感受到最真摯的溫暖。

在黑暗之中，永遠要相信隧道盡頭必定有光。

✦ 玻利維亞

Fly Me To The Moon

仙人掌島上的迷幻日出

兒時地理課本上國與國間，總是由一條條粗黑實線明確劃分，然而數年前在某一期的《大誌雜誌》中，無意間看到了攝影師 Valerio Vincenzo 的系列作品，完全打破了我的既定印象。他走訪了歐洲各國的邊界，記錄了總長達兩萬五千公里的國界，有鬱鬱蔥蔥的樹林、波光粼粼的河流，以及高聳入雲、直達天際的山稜線。

在過去的短程旅行中，雖然已有過多次跨越國界的經驗，但多半都是在機艙內或火車車廂中度過；而這次從智利向北由陸路進入玻利維亞的路途上，終於首次擁有「腳踏實地」的寶貴跨界體驗。眼前是一望無際、灰撲撲的沙漠公路，不遠處是頂端積有皚皚白雪的棕色山脈，上方則是澄澈蔚藍的廣闊天空，這是我旅行至今見過最美的邊境。

原以為會相當辛苦的三天兩夜玻利維亞公路之旅，儘管車程確實漫長且顛簸，卻因沿途的壯麗景色，忘卻了肉體上的痠痛。旅程來到了最終日，清晨三點半，逼迫自己從溫暖舒適的三層被褥中掙扎起身，就為了能在日出前趕到仙人掌島（Isla Incahuasi）。完全沒有街燈與路標，四周更是漆黑一片，司機兼導遊卻能神奇地知曉前進的方向；在半夢半醒間，四十五分鐘過後，我們抵達了仙人掌島，此時天空也透出幽微的靛藍色光芒。

期盼日出的過程竟如此浪漫，清晨天空的色彩變幻是這般迷人，深邃如墨的藍、奇幻迷離的紫、炙熱如焰的紅、跳躍靈動的橘、璀璨奪目的金，每一秒都是獨特且轉瞬即逝的存在，甚至就算是手機在當下捕捉到的鏡頭，那存放在數位記憶空間裡的照片，也已非千分之一秒前，投射於視網膜上的同一座天空。

然而等待日出的過程居然也能如此辛苦，儘管環境溫度仍有四到五度，但山頂的風實在太過強勁，體感溫度直逼零度以下。縮在羽絨衣底下瑟瑟發抖的我，寒意突然被周圍一陣驚呼給驅散，抬頭一看，橘紅色的太陽終於從遠方地平面上現身了！這令人屏息的魔幻時刻，原先隱身在黑暗中只有模糊輪廓的仙人掌們，此時披上了燦爛閃耀的金黃色外衣，我的胸口和手心漸漸暖呼呼了起來。

日出過後，迎來的是這趟夢幻旅程的終點——天堂之境烏尤尼（Uyuni）鹽沼。年復一年，經歷旱季的風乾與日曬、雨季的溶解與填平，這片反覆堆疊而成、近乎刺眼的蒼白鹽地，放眼望去是會讓人迷失方向、甚至忘卻自我的無邊無際。我自顧自地閉起雙眼、張開雙臂並緩緩旋轉著，聽著Air Pod中播放著的Sigur Rós我最喜愛的一曲〈Hoppípolla〉，任憑淚水灑落在這片廣闊無垠的乾涸鹽沼之上。

烏尤尼鹽沼的魔幻月升

上週在智利的阿塔卡馬（Atacama）沙漠，因正逢滿月而未竟的觀星之夢，如今在烏尤尼圓滿了。

我在市區找了家當地旅行社，報名了「天空之鏡日落星空團」，下午四點從市區集合後出發，約莫一小時左右，抵達了大片積水的鹽沼區域。十分開心遇到一群活潑又健談的同車旅伴：四位日本人、一位在阿根廷工作的義大利人、一位在玻利維亞工作的中國人，我們一起就著倒影忙碌地擺位拍照，一邊等待日落的同時，一邊聊天談笑。到了七點的日暮時刻，大家默契十足地同時靜了下來，全身心地感受著每一秒鐘色彩與光影的變化。

直到八點日光完全消失，而月亮尚未升起，此時此刻，像是有人躲在這片大型天幕

從智利阿塔卡馬至玻利維亞烏尤尼，三天兩夜公路之旅沿途的壯麗美景。

後，悄悄按下了開關，繁星就這樣一點一點地，相繼閃現在整座漆黑的夜空，驚嘆聲也隨之此起彼落地迴盪在空曠的鹽沼中。

然而每張美麗的照片背後，並不都擁有浪漫的故事。實際上，當下的情況是，為了能夠拍攝出完美的星空照，大家必須靜止不動三十秒，等待相機長時間曝光。倒數結束，迸出的是大家的哀號聲，接近零度的低溫，加上日落後開始颳起的強風，讓大家抖到快要失去理智，於是莫名在鹽沼上奔跑了起來?!

到了九點總算是拍攝完畢，眾人迅速躲回車裡取暖。導遊兼攝影師兼司機載我們返程時，我突然瞥見擋風玻璃前方，出現了一個偌大的橘黃色光點。

那是……月亮?!

等待過無數場日出、欣賞過不盡其數的日落，但這可是我人生中第一次，親眼見到一輪皓月從地平線上升起。或許祕魯事件導致的行程大亂，就是命運安排要我與這美好的夜晚相遇吧。這三週來所積累的各種壓力、煩躁、焦慮、不安，在此時、此地顯得微不足道，全都隨風而逝。

在空曠黑暗的鹽沼中，宛如飄流在寂靜無聲的外太空，我們就像駕駛著太空梭，筆直地朝往月球飛去。

CHAPTER 2

追尋
家的方向

即將迎來日出之際，位於復活節島東南邊的Ahu Tongariki，那濱海的十五尊摩艾石像群的美麗剪影。

◆ 智利

就算狼狽不堪也要死命爬向終點

登頂靠的不是體力而是這裡

當周遭一切事物都瘋狂地脫離自己的掌控中，原本規劃地無懈可擊的旅遊路線與行程安排於頃刻間失序，儘管焦躁不安的心情被烏尤尼那異星般的奇幻美景給稍稍療癒，但內心卻有一股莫名的挫敗感悄然浮現。

心有不甘的是，我明明已踏上南美洲的土地，距離夢想僅一步之遙，卻沒能登上馬丘比丘山頂；氣餒的是，明知道世界之大，美景更是無法盡數，但自以為灑脫的自己，終究還是無法放下心中執念。

光是這樣甚至稱不上是挫折的突發事件，就能將我好不容易建立起的信心給一舉擊垮，我開始懷疑自己是否真能撐上一整年。

一方面責備自己為何要早早就買好前往智利復活節島的機票，將自己的行程與時間綁死，完全沒有彈性調整的空間；但另一方面又同時慶幸自己在半年前就已付清南極之旅的船票，這下我便完全沒有任何退路了。

面對著突然空出來的整整兩星期，也因此得以重整步伐並調適心情，好好探索這個全世界最狹長的國家——智利。於是，在最北邊的阿塔卡馬沙漠度過了人生中數一數二瘋狂的跨年夜後（我居然在搭建於沙漠中央的舞池中，隨著震耳欲聾的音樂起舞，和青旅主人Nayira與室友Kiona狂歡到天明），我的足跡一路往南，在首都聖地牙哥待上了幾天，最後抵達了最南端的百內國家公園（Parque Nacional Torres del Paine）。

對於壓根沒打算在頗負盛名的百內國家公園內露營的我，都已不遠千里來到此地，不衝一發百內塔（Base Torres del Paine）似乎說不過去。但由於在台灣完全缺乏鍛鍊，因此對於單攻來回二十二公里、總爬升高度八百七十五公尺、總時程八至九小時且所有爬過的人都說難如登天的百內塔，我遲遲無法鼓起勇氣正面迎擊，直到抵達納塔萊斯港（Puerto Natales）的前一刻，都還在掙扎是否應該前往。

住進了一家名為Hostal Baquedano的青旅，向友善而熱心的老闆夫婦諮詢行程，老闆們斬釘截鐵地回覆，「當然要去！不用擔心，只要相信自己做得到，你一定可以成功登頂的。而且健行其實靠的不是體力，而是這裡。」老闆將手掌放在自己的左胸口，以誠摯且堅定的眼神望著我說道，而我原先懷抱著對自己的遲疑，旋即被他們的熱情鼓舞給動搖。

於是，隔天一早六點半，我便搭上了旅行社的接駁車，並在兩小時後抵達了國家公園入口處，領隊向同團的每位成員發放了登山杖，並細心地教會我們正確的調整與使用方式。早上九點，我們一行人正式從登山口出發。

怎麼才一剛開始，就是我最討厭的連續上坡呢？才走了二十分鐘不到，幾天前在阿根廷查爾騰鎮（el Chaltén）累積了近八萬步的疲勞肌肉已率先發出抗議。「我是誰？我在做什麼？我為什麼會在這裡？」大腦也開始不斷地對著自己咆哮，腳程越來越慢的我，果然在初始的第一個小時，就落在隊伍最末了。

慚愧地說，其實我過去從未有使用登山杖的經驗，直至今日才明白原來這是這麼棒的工具！已漸漸舉步維艱的我，發現稍稍採取不甚正確的姿勢，以登山杖在前方當支點，再將整個身體往上撐後，大腿似乎就能減輕不少負擔。

發現新技巧後，我就這樣一步一步地龜速向前，而隊伍剛好會在一些節點稍作停留，我便犧牲這些休息時間，藉以彌補落後的進度。不知不覺，兩個小時後，竟也走到了第一個補給站Chileno。

但總覺得右膝不太妙，在查爾騰鎮跌倒擦傷處的刺痛感越來越明顯，因為不敢施力，這幾天一直用左腳代償，從而左膝附近的韌帶也開始叫囂。吞了第一顆止痛藥後，導遊拿出了護膝支援，但也同時告知我，稍後接近山頂的那個腳程近一小時的路段，因地形過於狹窄的緣故，一旦決定要走，中途是不能回頭的。

「你可以嗎？確定要繼續嗎？還是在這裡休息等我們下山呢？」導遊擔心地詢問著。

如果到了這個階段，我卻選擇在此地停滯不前，那麼我先前堅持走過的每一步、咬牙忍耐下來的每一份痛楚，又是為了什麼呢？

「無論如何我都想繼續走，如果待會兒膝蓋又痛了，我就再吃第二顆止痛藥。」

第四個小時，迎來了最終挑戰——沒有盡頭的超陡碎石上坡。短腿如我無法像大家一樣輕鬆跨步前進，只好以詭異滑稽的攀爬姿態，想方設法地手腳並用將自己運上去。早對肆虐於巴塔哥尼亞（Patagonia）高原上的狂風做好萬全心理準備，在抵達了傳說中連站都站不穩的惡名昭著區段時，非常意外地，迎面吹拂而來的竟是微風徐徐，受到上天眷顧與風神憐憫的我，儘管依舊狼狽不堪，卻也平安無事地通過了。

再過了半小時，終於攀到了最頂，偉岸挺拔的蒼灰百內塔就這樣撞進我的視野，下方碧綠而清透的湖水波光瀲灩，上方湛藍的天空中襯著幾朵小巧可愛的白雲。我蹲下身來用湖水盛滿我早已空空如也的保溫瓶，望見自己在水面上的倒影，輕聲地說了句「太好了呢」。

智利百內國家公園的百內塔。

一直以來總是缺乏自信，遭遇困難時會先自我質疑，遇到挫折時總會自我否定，每每在意識到將被絕望深淵吞噬前，才不得不死命掙扎，在這荊棘滿布的世界裡，弄得自己遍體鱗傷。

然而這趟百內塔健行之旅，我憑藉著從洞口灑下的微弱光芒，緊抓著由老闆夫婦的鼓勵編綑而成的救命索，一寸一寸地往上攀爬。若沒有他們，我永遠也不會知道，原來自己也辦得到，其實自己遠比想像中來得堅強。當晚下山後一跛一跛地走回青旅，頭一件事便是迫不及待地和老闆夫婦分享登頂照片。

「對吧！我們相信你一定可以的！就像昨天說的，爬山靠的不是腳，而是……」我們不約而同地指著自己心臟的位置，而後相視而笑。

今天是我旅行正式滿四個月的日子，也是我流浪以來睡得最沉最香的一晚。

一七八四八公里的騎行

在單攻百內塔的行程中，認識了超酷的康康，他的旅途由阿根廷烏斯懷亞（Ushuaia）做為起點，這是他的第三週旅程，打算走泛美公路，一路向北，直到美國阿拉斯加。而這趟預計為期兩年的壯遊，康康要用騎腳踏車的方式執行！問康康這趟冒險計劃了多久，「其實我六、七年前就想這麼做了，但一直遲遲未出發，正是因為疫情這幾年看清了許多，明白了什麼才是人生中最重要的事物，所以兩週前我便辭職上路啦！」

「我是韓國籍的中國東北人，當初選擇移民到韓國完全是為了環遊世界，因為拿韓國護照幾乎到哪都不用簽證呀！

這趟我帶的行李共五十公斤吧，帳篷、睡墊、睡袋、麵條、罐頭、淨水器什麼的，有了這些，我以天為蓋、以地為廬，騎累了在任何荒野裡都能睡，若渴了舀任何溪水都能喝。當然沒有任何一天是完全順遂的，很常遇到逆風啊、大雨啊，或是累了、摔了啥的，但這些都是旅程的一部分，不是嗎？每天清晨在上路出發前，你都不會知道今天即將發生什麼事。

每個人對幸福的定義都不同，想追求的事物也不同，只要自己過得快樂就夠了。只不過這趟兩年的騎行結束後，我就要回韓國認真攢錢了，起碼六、七年不出門了。」

「最後這段話我才不信呢！」我大笑著反駁道，「通常流浪慣了的人，在家頂多躺個六、七天就待不住了，就等不及要準備開始規劃下一趟旅程了！」

後記：與康康相遇的一年半後，二〇二四年六月十四日，康康完成了他一七八四八公里的騎行壯舉，總計上路共五百二十一天。

◆ **復活節島**

沒有做不到，只有想或不想

Dum dum, give me gum gum

「Dum dum, give me gum gum.」

最初計劃造訪復活節島（Isla de Pascua），並沒有什麼遠大或崇高的理想，僅僅是因為兒時看了《博物館驚魂夜》這部電影衍生而出的，說來有些荒唐的心願。

距智利本土四千公里，從首都聖地牙哥飛了五小時後總算抵達。儘管要在這裡待上整整十天，但還是滿心期待地立刻請青旅主人Kori代訂行程。（自二〇二〇年起，因為

Rano Raraku火山口，過去做為摩艾像雕刻原料的主要採石場，散落此處的石像，多於一二五〇至一五〇〇年由當地拉帕努伊人所製作。

疫情而封鎖邊境，關閉了兩年半以上的復活節島，於二〇二二年八月終於再次開島，只是島上有了嚴格的新政策，遊客必須要跟團聘請合格導遊導覽，才能造訪國家公園內的所有景點，再也不能像過去一樣，租輛機車就能隨性地騎到摩艾像旁睡場慵懶的午覺了。）

導覽行程的首要重點，自然就是世界著名的Ahu Tongariki摩艾石像群，這十五尊濱海排列齊整的摩艾石像位於復活節島東南邊，由智利的考古學家們於一九九〇年完成修復工作，主要贊助商則是日本團隊，當時特地由日本引進起重機等大型設備，共斥資三百萬美元。

總面積一百六十三平方公里，相當於四個蘭嶼大的復活節島，居然有九百尊摩艾石像（而總人口數為七千人，馬匹則有八千隻）。抵達Rano Raraku火山口後，真正體會到何謂滿坑滿谷（笑），這裡過去做為摩艾像雕刻原料的主要採石場，散落此處的石像，多於一二五〇至一五〇〇年由當地拉帕努伊人（Rapa Nui）所製作，但將近一半都是未完成品，推估若完成後，最高的石像將會是二十一公尺高，並重達一百四十噸。

關於摩艾石像的未解之謎，最令人好奇的莫過於搬運方式了。從採石場要移動到Ahu Tongariki，直線距離為十六公里，即便採用木橇和滾輪，要把平均十公尺高、重八十噸的石像完好如初地送達目的地絕非易事，因此可以看到許多仆倒在坑洞的、躺平在草地的、身首異處的、摔斷鼻子的、噴掉裝備的（頭頂那名為Pukau的圓柱形髮髻）摩艾四散於各處。

至於復活節島上的九百座摩艾石像中，最與眾不同的位在西半部濱海的Ahu Tahai，它是所有摩艾中唯一有眼睛的一尊，炯炯有神的雙眼是由白珊瑚石與黑曜石製作而成。事實上，據研究指出，所有的石像原本都應該是有眼睛的，今日所見的摩艾之所以只剩空洞眼窩，除了搬運途中造成的意外耗損，其實還有另一項原因。

「這座距最近陸地有四千公里遠、與世隔絕的復活節島，可說是整個世界的縮影。十三至十五世紀是復活節島的全盛黃金年代，但十七世紀開始，因島上人口過剩，產生了資源匱乏，從而引發權力鬥爭，最終導致內戰；當時戰勝的陣營會將隸屬敵方的摩艾石像推倒示威，因而造成大量的損毀。綜觀復活節島的歷史，身為一名拉帕努伊人，我覺得自己和其他國家的人們並沒有什麼不同。復活節島本身就是一座開放的博物館，更是一座綜合的歷史、地理與人類學教室，在這裡，你可以見到人類的野心與對權勢的執迷，是如何對環境產生巨大影響。」導遊侃侃而談。

團員中有人提及了邊境封鎖而完全沒有觀光收入的那兩年半，此時導遊的目光望向大海，「當時漁夫努力捕撈回來的漁獲、農夫辛勤耕種所收成的作物，這兩項是我們主要的食物來源，全島互助合作撐了過來；也很感謝智利政府給予的諸多幫助，輔導島上青年至本島就業，如今解封，島民們也紛紛回歸了。我們可是意志堅定的生存者呢！」

提問者是一對在世界旅行了二十年從未停下腳步的夫妻，一聽他們來自夏威夷，導遊便開心地說：「那麼我們就是夏威夷、拉帕努伊、毛利——波里尼西亞三角的兄弟姊妹了！數十年前有一項歷史學說表示，台灣是所有南島語系民族的起源，因此我們可是擁有共同的祖先呢！」

原來台灣人與拉帕努伊人間，並沒有想像中的不一樣。也是到了此刻我才終於意識到，原以為的浪跡天涯，在這一路上，我其實是不斷地在追尋著家鄉——台灣的影子呀！

Tapati 鳥人祭

站在位於復活節島西南角的Orongo懸崖高處，可眺望到美麗的莫圖努伊島（Motu Nui），而莫圖努伊可是一座具有重要意義的小島。Manutara這種棕背燕鷗屬的海鳥，每年九月時會飛至莫圖努伊島築巢，而此鳥的生態模式也成為了拉帕努伊人祖先的Tangata manu祭典，或稱「鳥人祭」（Tapati）的起源。

每年春天，來自不同部落的「參賽者們」相繼來到這座「選手村」——Orongo，進行一系列全能極限體能王的比賽。參賽者得爬下懸崖並游泳至莫圖努伊島，爾後在那座小島上荒島求生五天至數週不等，等待海鳥飛至小島產下第一批蛋，取得鳥蛋後再游回Orongo、攀上懸崖，能保持鳥蛋完好無損的優勝者，便可成為下一任新領袖。

一八三〇至一八六〇年，祕魯軍隊為收編勞工與奴隸，來到了復活節島，為所欲為地執行一連串綁架、鎮壓、屠殺等惡行，導致了拉帕努伊文化的終結，一八六七年也成了鳥人祭最後舉辦的一年。直至一九五〇年，一批德國傳教士前來復活節島協助重建，才讓傳統文化得以復興，卻也因此讓原本多神信仰的拉帕努伊人改信了天主教。到了一九七〇年代，島民維護與推廣拉帕努伊文化的意識逐漸抬頭，於是在智利政府協助下，睽違百年的鳥人祭終於重見天日，並成為了拉帕努伊人的年度盛事，訂於每年二月的第二週舉行，這也正是我選擇此時造訪復活節島的主要原因。

長達十天的鳥人祭分為兩大部分，白天是各項體育競賽，包括游泳、划獨木舟、投擲標槍、射箭、賽馬、肩挑重達數十公斤的香蕉串跑步、島嶼鐵人三項，以及用自製木頭雪橇滑草的Haka Pei等，以延續並紀念過去的傳統習俗。

至於夜間則是在西部的Hanga Vare Vare沙灘搭建的大型戶外舞台上，舉辦一連串的舞蹈及歌唱比賽，由兩大部落進行積分制PK，還有專業的評審團每晚進行評分；參賽者依年齡分為長者組、成人組、青年組與幼兒組，兩隊皆由女性領軍，在鳥人祭的最後一晚，得分較高的優勝組隊長，將被加冕為該年度的Tapati女王。

由海洋捎來的晚風驅走了白日的酷熱，浩瀚星空下，樂團每晚現場演奏明快樂曲，舞者們穿上亮麗的傳統服飾，整齊畫一地高聲吟誦著歌謠，並在舞台上時而踩著輕盈靈動的步伐、時而踏著振奮人心的舞步，期間還不停變換各種令人目不暇給的華麗隊型。

拉帕努伊人們的熱情擁有撫慰與穿透人心的力量，光是聽到那歡騰的歌聲、悠揚的樂音、震撼的鼓聲與充滿喜悅的舞蹈，就能感受到拉帕努伊人們滿滿的生命力，即使語言、文化、歷史與習俗全然不同，卻能自覺內心與台上表演者們強大的共鳴。而這不單單是拉帕努伊人們將歌謠、音樂與舞蹈存續的慶典，更是這座僅有七千人的小島，將引以為傲的傳統文化展現至全世界的方式。

讓我印象最深刻的一晚表演，是由一組十六歲以下的青少年和兒童（年紀最小的目測應該只有三歲），手持麻繩以編織的形式來記憶與口述族群歷史，並且全程用拉帕努伊語演說。近幾年，復活節島上幼稚園的小朋友，老師都只使用拉帕努伊語教學，直到升上小學才開始學習西班牙語。「這讓我想起紐西蘭也是如此，努力維繫毛利語與毛利文化呢！」來自英國威爾斯的室友Joe分享著。

從孩子們臉上散發出的自信與明亮笑容，我看到了拉帕努伊人們充滿希望的未來。Joe說：「看那孩子的架勢彷彿超級巨星般，他的微笑像是在說：『看看今年又有多少人，飛了幾千公里遠，就為了來看我表演呢！』」

如果我們美麗的台語，也能以拉帕努伊語的規格維護與傳承，那就太好了！

我所深愛的島嶼

「打算在復活節島待多久呢？結束後下一站要往哪裡去呢？」我向今日剛入住的新室友SungHo打招呼後問道。

「飛回智利本島的班機是在四天後，至於下一站……我也還不知道呢。」

來自南韓的SungHo，上個月向所屬公司請辭後，便和我一樣，展開了為期不短的環球之旅，沒有特別的路線規劃，也尚未購買回程機票。

「在首爾工作的壓力實在是太大了，特別是身為一名工程師，每天加班到午夜十二點是日常，忙碌時可能凌晨兩、三點才能回家，然後隔天早上七點又得準時出現在辦公室。」SungHo露出了無奈表情，坦然地向我訴說著。

「我從南韓的第一學府畢業後，便依著父母與師長的期望，進入了大企業公司工作，每天過著行屍走肉般的生活，覺得痛苦萬分卻無能為力，因為一旦逃離，就會被眾人視為失敗者，我就這樣被困在社會所賦予的框架中，無可奈何地掙扎著。

直到上個月，某個又是在辦公室迎接日出的清晨，一股恐懼無預警地朝我襲來：再這樣下去，我會不會漸漸地忘了自己是誰？不，這絕對不會是我想要的人生。於是當天下午，我就將辭呈寄送出去了；一個月後的今天，我就出現在這裡了──在復活節島，在你的面前。」笑顏逐開的SungHo隨後問了我先前走過的行程，以及離開復活節島後預計前往之處。

「墨西哥的科蘇梅爾島（Cozumel）、復活節島、加拉巴哥群島（Islas Galápagos）、貝里斯的考克島（Caye Caulker）……怎麼感覺你對島嶼情有獨鍾呢？」SungHo的一席話，讓我開始回頭仔細檢視自己的足跡。不知何時開始對島嶼產生了強烈的執念，或許是因被無邊際的大海環繞時，總能隔絕來自遙遠陸地的雜訊與紛擾，只管將徬徨、迷惑、憂慮與悲傷，一股腦地全體攤開披覆在岸邊礁岩上，而後就連手中的這份椰子調酒（Coco Loco）都還沒來得及啜飲完畢，原先那些黏膩又纏人的複雜思緒，轉瞬間已被島嶼的烈日給蒸散殆盡，只留下幾簇白色鹽粒在夕陽餘暉下閃閃發光。

也或許是因身處小小的島嶼總能感覺無比心安，我著迷於各種各樣能被輕易且明確定義而出的邊界：海洋與陸地的邊界、沙灘與浪花的邊界、由棕櫚樹蔭劃定的炎熱與沁涼的邊界（或也可說是我意識與潛意識的邊界）。在島嶼之上，我知道一切都會有盡頭，因此永遠不用擔心自己會迷失方向，只要堅定地朝著太陽升起之處前進，終有一天定能回到歸屬之地。

也或許是因同樣身為島國之民的我在血液裡所流竄的，那種原始對自由的渴求；從靈魂深處所湧出的，那股急欲探索未知的嚮往。只要鼓起勇氣縱身一躍，就能在繁星的簇擁下，任憑洋流引領自己，去往任何想去的地方。

復活節島上的生日派對

二月十一日完全沒有行程的我，原本打算浪擲光陰就這樣一路睡到中午，想不到早上八點，迷濛中聽到了一陣急促的敲門聲，「YunChi，起床了，快下樓來！」睡眼惺忪地被室友Carolina挖醒後，梳洗一番便認命地前往公共空間吃早餐……

「Happy Birthday!!!!!」

整個青旅的大家是什麼時候起床的？所有人都已集合在飯廳，此時青旅主人Kori端出了一個插滿蠟燭的八吋巧克力蛋糕朝我走來，大夥兒圍著我邊拍手邊唱起了生日快樂歌。

「難怪昨天在冰淇淋店遇到你時，突然問我最喜歡奶油、草莓或巧克力！」我對著露出淘氣表情咧嘴大笑的Kori說。

這輩子唱過台語版、英文版、日語版的生日快樂歌，而兩個月前在語言學校時，老師在課堂上也教過了西文版，但今天倒是頭一回聽見了拉帕努伊版的生日快樂歌。結果對眾人而言，最難的並不是拉帕努伊語，反倒是我名字的華語發音！這真的是我這輩子所度過最難忘也最特別的生日了！

而熱鬧非凡的Tapati鳥人祭，轉瞬間也來到了最後一天，Kori特地為我和室友們做了面部與身體彩繪，室友們還向當地導遊借了以香蕉葉與羽毛編織而成的衣裙與頭冠。著裝完畢後，晚間六點，Kori便載著我們前往主街，和所有島民們一同參加nari-nari大遊行！

大家盛裝打扮，穿起了傳統服飾，一邊行進一邊隨著音樂起舞。超長的隊伍中還穿插許多以竹子與花卉裝飾的花車，方便樂團成員乘坐，此外還有分別展示木雕與石刻等手工藝品的車輛；至於女王家族所乘坐的花車更是豪華，家族成員會發送免費的西瓜和番薯給路人吃，車上甚至還架設木炭烤爐，當場烤魚呢！

整場遊行從主街出發，走了三小時後，晚上九點終於抵達了海邊的主舞台。今年度復活節島拉帕努伊人們的慶典，在新任女王的加冕儀式與盛大的舞會閉幕式中，精采地畫下了句點。

從拉帕努伊人們身上，學習到了他們與自然共存的生活態度、對宇宙萬物與大地之母的尊崇與敬仰，以及保存與延續語言、藝術、音樂與歷史的執念，而其中最令我敬佩的，莫過於他們對自身文化是如此自豪、如此驕傲。希望不久的將來，與拉帕努伊擁有同樣根源的台灣，也能如此自信地站上世界的舞台。

在太平洋另一端的遙遠小島上

儘管前一晚欣賞完閉幕式後，凌晨才回到青旅，但想著今日是在島上的最後一天，雖然只睡了幾小時，還是逼迫自己五點起床，為著參加Kori籌劃的Tongariki日出團。

青旅主人Kori為我和室友們做了面部與身體彩繪，室友們穿上以香蕉葉與羽毛編織而成的傳統衣裙與頭冠，我們一群人準備前往主街，和所有島民們一同參加nari-nari大遊行。

Kori開了半小時的車，清晨六點抵達了那片十五尊背海摩艾石像所在的海灘，抬頭望去滿天星斗，一邊忙著和大家搜尋流星，一邊讚嘆隔壁室友——來自法國的Max，用iPhone14拍出來的驚人星空照，此時來自京都的Sukino突然指著星空大叫，「啊！那個是……」

抬頭一望，當下以為是枚超大流星，但這顆流星未免也滑行太久了吧？而且還拖曳著一條長長的尾巴！等等，這該不會是……不對，這種星星的西文我根本沒學過，英文我也忘了該怎麼說，於是下一秒便和Sukino同時脫口而出，「すいせいです！」太幸運了吧！我這輩子還沒親眼見過如此美麗的彗星，而它也像是亟欲享受眾人的目光與讚美，存在了足足近三十秒，才心甘情願地消失在夜空中。

在聊天、笑鬧與間歇地瞌睡中，天空正悄悄地變換著顏彩，八點左右，地平線上左邊數來第六與第七尊摩艾像中間，霎時透出耀眼的橘色光芒。太陽升起了！在眾人輕聲地驚呼中，突然夾雜了一陣違和的機械高頻警示聲。緊接著傳來一聲慘叫，只見Max飛撲到他早早架設好的GoPro旁邊，邊咒罵著邊緊急更換備用電池，就在辛苦地縮時攝影了一小時後，GoPro電池在日出的這一刻，悲劇地壽終正寢。而共同生活數日感情變得極好的大家，此時沒半個人出言安慰，反倒是全在草地上笑得東倒西歪。

從二〇一〇年開始自助旅行後，待過無數間不同風格的青旅，而La Casa del Kori無疑是我目前住過最溫馨、最有愛的一間，以百分之一百二十的用心經營青旅的Kori，讓來自世界各角落互不相識的我們，一起玩耍笑鬧、彼此支持、互相照顧，眾人得以凝聚成一個大家庭。

「好羨慕你環遊世界的旅程哪！我沒有那麼遠大的夢想，只希望有天能前往芬蘭去看極光，那樣就足夠了。」

想起那天和Kori的對話，在復活節島出生的他，成長、求學、工作、結婚、養育孩子，截至目前為止所有人生都在這裡度過。「但是自從經營了青旅，遇見了許許多多從不同國家遠道而來的人，我因此發現，自己就算沒辦法走出這座島也沒關係了；我打開了家門，就能擁有全世界，我在客廳沙發上就能展開環球旅行了呢！」

這趟世界旅行已過了四個半月，經歷了無數次的相聚與分離，原以為自己已學會如何瀟灑地道別，結果眼淚還是在Kori載我到機場，最後給我的那個真摯擁抱中，不爭氣地掉了下來。大概是我心裡明白，這一次告別後，此生再難重逢了。在復活節島的冒險之旅，能擁有這樣千年一遇的緣分，覺得自己真的非常幸福，與大夥兒相聚的美好回憶，將成為我此行最珍貴的寶藏。

旅程出發以來，像是想拋下過往的一切，我一路不斷遠離家的方向，腳步毫不停歇地不斷前進、不斷逃亡，卻在太平洋另一端的這座遙遠小島上，找到了最像家的地方。

CHAPTER 3

在世界盡頭
擁抱自己

在南極的夏洛特灣幸運望
見了座頭鯨的尾巴。

✦ **阿根廷**

終於來到世界的盡頭

來去牧師家住一晚

不知是因與Kori及室友們在復活節島共度的這十天過於美好，抑或是過了生日又長了一歲後終於有所成長，自從離開復活節島後，感覺自己內心漾起了小小的漣漪，那是近乎感受不到水波震動的幽微變化。

和Carolina搭乘同一班返回聖地牙哥的飛機，抵達目的地後，彼此再次擁抱互道珍重，望著她走向大門離去的背影，總是有分離焦慮的我，這次卻意外地不再感到失落或寂寞。

於是，在出發旅行後的第五個月，不再像飽受驚嚇的小動物般畏畏縮縮、惶惶不安，首次懷抱著期待與平和的心情，在農曆春節的尾聲，抵達了地球另一端的阿根廷。

在復活節島碰見的，是與台灣有著相同根源的玻里尼西亞的兄弟姊妹，然而意想不到的是，在阿根廷遇上的，卻是貨真價實的台灣人！

感謝在地球各個角落都有朋友的小恩牧師，介紹了她在台南神學院的同學恩瑜與雅勻讓我認識，剛踏上這片陌生土地就有人能夠倚靠，瞬間感到安心。

「卡卡，你在布宜諾斯艾利斯有地方住嗎？如果還沒訂住宿，就直接來住我們教會吧！除了不能陪你上山下海外，其他能夠幫得上忙的我們都會盡力協助。想休息、想睡覺、需要做旅行功課什麼的都儘管來，就把這裡當作是環遊世界途中，半路回家一趟充電歇息。」看見恩瑜傳來的這段文字訊息，手機螢幕瞬間被我的淚水打濕，謝謝你們打開了大門，給予我這個素昧平生的陌生人，莫大的信任與幫助。

過去就讀台南神學院的恩瑜與雅勻，二〇一九年被派到布宜諾斯艾利斯的台灣基督長老教會阿根廷福音教會實習，當時便愛上了這座素有南美小巴黎之稱的城市。隔年畢業後，兩人因著看見阿根廷的需要，受教會的邀請，勇敢接下了這項艱鉅任務——到遠得要命王國阿根廷傳道。兩年過去了，他們與所屬的基督教長老教會的當地教友們，建立起緊密的聯繫與深厚的情誼，更在一個月前因有了女兒小樂西的誕生，在布宜諾斯艾利斯打造了嶄新的幸福家庭。

抵達教會後，被帶領入住的居然是全新整修並附有獨立衛浴的超大客房，而客廳桌上則已擺好了三碗……包餡湯圓！不久前被大家的冬至湯圓文連番攻擊，當時就一直好想念我最愛的桂冠芝麻湯圓，想不到居然在元宵節時圓夢啦！

光速嗑完湯圓後，突然被遞上一支點火槍，恩瑜與雅勻神祕兮兮地從冰箱端出了兩個小蛋糕，並且插上了阿根廷派對經常使用的浮誇巨型蠟燭（與其說是蠟燭，不如說是超大型仙女棒）。

「我們看了你在復活節島的發文，才知道前幾天是你的生日，剛剛趁你還未抵達前，我們衝到附近的甜點店，緊急準備了這兩個小蛋糕。」

而晚餐的台灣手工牛肉麵佐半熟蛋是由恩瑜親自下廚，美味又熟悉的家鄉味，差點沒讓我全程跪著吃；雅勻則準備了一碗櫻桃，「現在是櫻桃季的最末了，你出門在外應該沒什麼機會能好好補充水果吧，所以盡量多吃點喔！」

胃與心靈都被填滿的幸福餵食秀結束後，立刻傳訊息向小恩報平安並表達感激之情，本應是台灣凌晨時分的此時，正在趕畢業論文而陷於水深火熱中的小恩，果不其然地零時差秒讀秒回，「照顧出外的旅人及有需要的人，是我們信仰裡很重要的核心，看來恩瑜和雅匀真的是很棒的傳道人，我好為我的同學們感到驕傲啊！希望你能在熟悉的領域裡、好的資源裡，重新調整一下步伐。讓我們的愛跟著你一起環遊世界！」

在海角天涯尋回自我的模樣

在世界盡頭之後，還有更遙遠的地方嗎？

宇宙在初始之前，又是什麼模樣呢？

「往南走啊，去一個叫做Ushuaia的地方，聽說那邊是世界盡頭，所以想去看一看。」

忘記了是從何時開始，萌生了如電影《春光乍洩》裡的小張一樣，自覺富有詩意的想法，或許也帶著些許悲劇性的蒼涼。

「一九九七年一月，我終於來到世界的盡頭，這裡是美洲大陸南面的最後一座燈塔，再過去就是南極。」

晚了小張二十六年又一個月，我終於也抵達了全世界最南端的城市——烏蘇懷亞，望見了世界盡頭的這座火地群島燈塔（Les Éclaireurs），而再過去一千公里的距離，就是南極。

「全世界的人都會把不開心的事留在那裡。」

或許是童年創傷之故，在後來的成長過程中，一方面為了不讓自己受到更多傷害，

全世界最南端的城市——阿根廷的烏蘇懷亞，其上的火地群島燈為美洲大陸最南端的燈塔，故有世界盡頭燈塔之稱。

我將自我禁錮在一個灰塵滿布、暗無天日的地下室裡；一方面又貪婪地渴望獲取外界更多關愛，拚了命地去揣摩、扮演他人心中所謂討喜的角色。總是以他人的想法為優先，卯足全力活在他人的期望之下，於是在不知不覺間忘了自己最想要的是什麼。

初起是抱著逃避的心情展開這場世界旅行，卻發現過去的六個月中，我和自己相處的密度，竟遠遠高於那漫長的三十多年。獨自一人乘車，我可以決定要閉目養神或靜心於窗外風景；獨自一人吃飯，我可以決定要上餐廳享受儀式感或優閒地到公園野餐；獨自一人登山，我可以決定要昂首闊步或佇足歇息；獨自一人的夜晚，我終於可以也必須決定自己明日要往何處。

這才驚覺一直以來我是如何忽視自己的需求，以致對自己是如此陌生……再也逃不了了，我被迫得直面自己的內心，因為這趟旅程沒有其他的旅伴了，有的只剩自己。

然而自己又是何其幸運，這一路上竟遇見了如此多的天使與我相伴。

天使們支持與鼓勵的話語，像是清澈透明的雨水，一點一滴灑落在塵土大地，我捧起被浸濕而軟爛的黃沙，以顫抖的雙手戰戰兢兢地捏造出一尊泥偶——依循著映照在天使們瞳孔中的自己的形貌。

在先被他人接納了之後，我才漸漸學會了如何接納自己；在先被他人擁抱了之後，我才漸漸學會了如何擁抱自己。

我站立在航行於比格爾海峽（Beagle Channel）的船隻上，凝心眺望著火地群島燈塔。在這世界盡頭的海角天涯，我終於尋回了自我的模樣。

◆南極

去見從未見過的風景

往南極出發

「搭上與平時反方向的船隻，為了去見從未見過的風景。當無法回頭的時候，才是真正旅途的開始。」

在踏上烏蘇懷亞這片雪白大地時，不，早在半年前踏出台灣的那一刻，我就無法回頭了。

「離開一直以來依賴的東西，去往一無所有的世界；去往不知向右會有什麼、不知家在何方的世界；去往明天會身在何處、後天向哪裡前進都無法想像的世界。即使如此，也要出發。」

半年多前在世界獨旅前輩馥年的鼓舞下，終於下定決心訂了南極行程，隨後被Sora推薦了《比宇宙更遠的地方》（宇宙よりも遠い場所）這部動畫，當時追完全劇感動到淚流滿面、泣不成聲的我，終於也要像主角們一樣出發了！

「一片漆黑呢，我要跨越這片大海、跨越那座被風暴和怒濤守護的冰之大陸。選項一直都有，而我堅定地做出了前往那裡的選擇啊！」

關於南極附近海域，航海界有個非常經典且驚悚的描述，「咆哮的40°S、狂暴的50°S、尖叫的60°S」；而傳說中的德瑞克海峽（Drake Passage）就位於尖叫的60°S，海峽是以十六世紀的發現者——英國探險家法蘭西斯・德瑞克爵士（Sir

Francis Drake）的名字命名，但是就連德瑞克本人，也沒有正面迎擊那洶湧怒濤的勇氣，而是選擇行經較為平靜的麥哲倫海峽。但我即將啟程的這趟南極之旅，可完全沒有繞路的選項。

回首這一路走來真的好不容易，有深夜時分步行在空無一人的小巷中緊繃到冒冷汗的時刻，有在滂沱大雨中渾身濕透卻找不到回住處路的絕望時刻，有在酷熱高溫的豔陽下扛著整副家當覺得再也走不動的時刻，有因包包拉鍊被竊賊打開而害怕到發抖的時刻，有因腸胃炎上吐下瀉、四肢無力的痛苦時刻，有因太想念朋友家人而躲在寢室一角偷偷啜泣的時刻……但這半年來所經歷的一切，或可說是磨鍊心智的考驗，彷彿都是必經的荊棘之路，都是為了引領我走到今天，走向即將從夢想中躍現於眼前的那片冰封大陸。

尖叫的60°S

三月一日下午三點，儘管抵達了烏蘇懷亞港口，仍然有股強烈的不真實感。在登上我所屬的南極船Ocean Nova號，經由房務組人員的指引，抵達了被分配到的房間後，忐忑的心情才終於安定下來。與將要朝夕相處十天的室友們相見了，一位是擁有豪邁笑聲的爽朗醫檢師，來自美國紐澤西州的Adrienne；另一位可謂是電影《遊牧人生》的現實版，來自美國德州的Jane，在一年半前賣掉房子、車子和所有家具，帶著她僅存的家當——一個登山包，便啟程飛往非洲，展開獨自一人的環遊世界之旅。

搭乘的這艘超小型南極船，乘客僅有六十名（一般南極船為兩百名乘客，更大艘的甚至可以承載五百人）、探險隊員十二名、房務組與廚房組人員共三十三名。在迎賓雞尾酒會上，大家輪流上台自我介紹，團隊中有海洋生物學家、地理學家、歷史學家、冰川學家、攝影師、獨木舟嚮導、冰川健行嚮導與船醫，儘管每位隊員各有不同專業，但相同的一點是，所有人都非常幽默風趣！

在一系列的航程簡介與安全規範說明，以及享用完超乎想像的豪華晚餐後，返回寢室的我已能感受到風浪了。船長在稍早的氣象簡報中，一面指著氣象圖上代表超大風速的那紅到發紫的區塊，一面解釋最艱難的時刻將會落在明日凌晨一點到早上八點間，而我瞇著眼睛盯著螢幕，瞧見了上面標示著的風速為四十至五十節。為了這趟南極之旅，我超前部署，將三年前至菲律賓宿霧船潛剩下的超強暈船藥「人生旅安」給帶在身上，毫不猶豫喝下了第一瓶後便早早躺平，並暗自祈禱睡在上鋪的我，明早不要發現自己是在地板上醒過來。

在海浪的規律搖晃下，托暈船藥副作用的福，不多久便沉沉睡去。然而到了半夜三點，我被突如其來的一股無重力感惡狠狠地揪住衣領，硬生生地從睡夢中給扯醒過來，那就像是在遊樂園搭乘海盜船時，從最高處落下的那股讓雙腳與臀部發麻、甚至足以讓心臟從喉頭吐出揮之不去的夢魘。

這個風暴果然如船長所言極其凶猛，而德瑞克海峽也一如傳言般惡名昭彰，現在的晃動已升級成從六個方向輪流操作，上、下、前、後、左、右，並且那劇烈的搖擺幅度已經讓我下意識開始找尋，床沿是否有安全帶可以讓我繫上。我嚇得趕緊加服一顆暈車藥，而後再度睡下。

早上七點正式迎接我在船上度過的第一個清晨，驚喜地發現自己成功進化了，儘管浪仍然不小（現在浪高約五公尺，但船艙工作人員卻說這還算好的），但我似乎能夠隨波逐流了。梳洗完畢後，就直奔甲板感受明顯已收斂許多的風浪，雖然距離登陸南極洲還有兩天左右的航程，但光是眼前這一望無際的海平面、浩瀚無垠的天空與清澈湛藍的海水，就已經美得不可思議。

雖然從甲板上看過去似乎風平浪靜，實際上船艙內的搖晃程度是：廚房人員正忙著清理方才倒下的紅酒瓶碎片、咖啡只能倒六分滿否則會灑到自己的衣物上、移動時必須扶著牆否則絕對會被甩到走廊另一頭。而今晨我達成了首次單手洗臉的成就，因為我另一隻手不得不緊抓著浴室的扶手；至於早餐時刻我有兩次在船左傾時，差點連人帶椅整個飛出去。雖然船上有提供無線網路，但必須支付天價購買，預算有限的我本已準備好電子書，打算好好閱讀一番以消磨漫長的航行時光，沒想到日程表隨即被一系列的豐富講座與活動給填滿，充實的出乎意料。

首先由地理學家Pablo的課程拉開序幕，主要介紹地球各大陸板塊的生成與漂移，以及洋流與大氣和水的循環；再來由熱愛鯨魚的海洋生物學家Dani，介紹了生活在南極洲海域的各種鯨魚，以及牠們主要的生物特徵與外表辨識方式；實用的攝影工作坊由資深攝影師Vero主持，為大家講解基礎的南極攝影技巧與構圖；在一九二九年製片的《Around Cape Horn》播映中，看著當年水手們行經智利最南端的合恩角（Cape Horn），奮力抵抗狂暴的大海時，搭配著此刻德瑞克海峽的風浪，原本黑白的紀錄片瞬間升級為IMAX 4DX！

最有趣的便是由冰川學家Kuba為大家介紹的，自古以來在水手界流傳的海上迷信，包括不能在週四或週五出航、不能在船上吹口哨、乾杯時不能直接將酒杯互敲等，以上種種都被視為會引來風暴的禁忌。接著Kuba向大家提問，「大家不妨猜猜看，若在船上不慎將酒打翻，會招來好運還是厄運呢？才剛過第二天，已經有誰打翻過酒了呢？」

不！我早在此行的第三個小時——也就是前天下午的迎賓酒會與船長舉杯時，就把整杯香檳給灑出去了。此時，我羞愧地緩緩舉起手來……

「謝謝你為我們整艘船帶來了超級好運！做得好呀！」Kuba在台上笑開懷地大力鼓掌，我彷彿瞬間晉升為從海上歷劫歸來的戰士，志得意滿地享受著眾人的喝采。

跨越南極圈

Drake Shake, Drake Lake.

昨日驚濤駭浪的德瑞克海峽，在今晨已平靜下來宛如搖籃般。

「大家早安，向各位報告一個好消息，我們即將跨越南緯六十度，也就是說，再過十分鐘，在地理學與生物學的定義上，我們就要抵達南極圈啦！」南緯六十度線以南的區域內，除了水溫與鹽度等海水特性會有顯著差異外，同時也有著和圈外截然不同的洋流，這就是「南冰洋」（Southern Ocean），也是探險隊隊長Bob提及的具有「生物學上」意義的南極圈。「凌晨一點，我們就會正式靠岸，明天早上大家將會進行第一次的登陸。再次恭喜大家即將抵達南極！」

Kirsty驚心動魄的南極歷史講座，為大家帶來了一個提神醒腦的早晨，她介紹了十八至十九世紀許多瘋狂又無畏的航海探險家，是如何在嚴苛的天候環境下，經歷了無

揚基港上的南象鼻海豹群。

數次的生死搏鬥，最終成功抵達南極洲的超凡傳奇故事。

下午則是非常期待的Dani的企鵝講座，現今地球上共有十八種企鵝，其中有五種生活在南極大陸上，分別是皇帝企鵝（Emperor Penguin）、阿德利企鵝（Adelie Penguin）、冠企鵝（Macaroni Penguin）、巴布亞企鵝（Gentoo Penguin）與南極企鵝（Chinstrap Penguin）。每年的十月中到十月底，是企鵝的繁殖季節，牠們會上岸築巢，待產下的蛋孵化成企鵝寶寶後，企鵝爸媽會餵食並為企鵝寶寶保暖，直到三個月後寶寶獨立為止。而企鵝爸媽出海捕食期間，寶寶們會被留在各自的巢中，當企鵝爸媽滿載而歸時會呼喚自己的寶寶；儘管在我們人類耳中，所有的企鵝叫聲極度相似，但寶寶們總是能透過不同音頻或聲音特徵，成功地在茫茫企鵝海中找到自己的爸媽。

在企鵝寶寶離家前，會進行極度消耗能量的換毛大工程，整整三個星期都只能待在原地、不吃不喝，直到全身的毛都汰換成具有防水功能的亮麗光澤外層，才能下海游泳與覓食。而在三月登上南極大陸的我們，正好趕上企鵝們的換毛季，就Dani的說法是「牠們在換毛時看起來超狼狽的！」。

然而，由於地球暖化與氣候變遷等因素，去年年底下了近十幾年來最大的一場雪，打亂了南極企鵝的生態循環，許多企鵝產蛋後還來不及孵化便被大雪掩埋，以致必須再從頭進行一次辛苦的繁殖過程，因此我們有很大的機率可以觀察到，在這個季節同時出現各個不同年齡層的幼鳥。

明早就要踏上南極大陸了，在大腦裡排練這一刻已無數次，原以為還很遙遠的虛幻未來，沒想到再過數小時即將要成為真實。行前兩天於烏蘇懷亞巧遇了之前在復活節島的室友——來自愛沙尼亞的Tanya，「我一個去過南極的朋友跟我這樣說過，『出發前，每個人在腦海裡一定都對南極有著上百種期待，但我告訴你，真正抵達後，眼前的景色絕對是遠超越你所有的認知與想像。』」

丹科島（Danco Island）上的巴布亞企鵝群。

"The land looks like a fairy tale."—— Roald Amundsen（1872-1928）

登陸

在鬧鐘鈴響前，一早就被室友Jane的驚呼聲給喚醒，「看見陸地了！」我們三人擠在舷窗邊往外望去，於南極海域航行了兩天半，不知是哪位高明的魔術師突然決定要在今晨揭開簾幕，原先那蒼茫壯闊、一覽無遺的大海之上，一座閃耀著珍珠白光芒的島嶼陡然迸現在我們跟前。

終於迎來首次的登陸行程，套上發熱衣、長袖上衣、風雨衣、向戶外用品店租借的極地羽絨衣、長褲、風雨褲、毛帽、防水手套、薄襪、厚羊毛襪與船上提供的雪靴，慎重其事地全副武裝後，我們八人一組搭上衝鋒艇（Zodiac），往揚基港（Yankee Harbour）與半月島（Half Moon Island）出發。

第一次靠岸，前來盛大迎接我們的，是超大一群可愛到不行的巴布亞企鵝，此刻我按捺不住激動的心情，興奮地尖叫出聲。過去能夠親眼看到企鵝的場合，就只有台北木柵動物園、屏東海生館與日本北海道的旭山動物園，然而此刻再也不需要隔著玻璃窗，企鵝就這樣活靈活現地出現在我面前，活像在欣賞現場版的《動物星球頻道》！

企鵝們有的在水裡自得其樂優游玩耍，有的在陸地上井然有序、排列成隊、搖頭晃腦前進，還有許多正從山腳下奮力地以強有力的蹼為支點，咚咚咚地往山丘上跳。然而最俏皮的場景莫過於，有隻南極企鵝混在巴布亞企鵝群中當臥底，自以為天衣無縫，殊不知不但被當場抓包，還被大家輪流叫囂並怒啄一番。

除了企鵝外，這裡也有許多南極毛皮海獅（Antarctic Fur Seal）正在岸上慵懶地睡午覺。這些看似溫馴的南極毛皮海獅，實際上警戒性很強，如若靠近地域範圍半徑十公尺內，牠就會非常凶狠地對著入侵者咆哮。而我最愛的南象鼻海豹（Southern Elephant

Seal）則是可愛到不行，和企鵝一樣，南象鼻海豹也需要經歷換毛階段，必須幾個星期不吃不喝不動的牠們，這段期間都會成群靠在一起取暖，圓滾滾的牠們擠成一團瞇著眼睛的樣子，真是療癒至極！

黑冰

南極這塊銀白色的神祕凍原，每日像是費盡心思似地妝點，並展示以令人屏息的千姿萬態，迷得我心醉神馳。而今晨拉開窗簾迎來的驚喜則是……我們被一大片氣勢磅礴的冰山給包圍了！

環繞於四周的恢弘火山，終年覆蓋著白皚皚的冰雪，綿延無盡地往遠方延伸，從冰河時期即已誕生的冰山，歷經了人類完全無法想像的漫長光陰，漂洋過海來到我們面前。恍若置身於另一個宇宙，在南極這不可思議的奇幻之地，任何維度法則都不管用，時間彷彿沒有盡頭，朝向永恆之處無限開展。

原以為放眼望去皆為單調乏味且枯燥無趣的慘白，然而出乎意料地，冰山竟可以呈現出如此細緻的色彩，不同色階的藍承襲著不同長度的歲月，藍色越深則代表此座冰山越為古老，疊加的冰雪壓力越大，內部空氣被擠出越多，進而導致密度增加，反射出寧靜悠遠的藍。冬天堆疊的積雪，在夏季時融化，下一個冬季來臨時又會覆蓋上新雪，如此經年累月的輪替循環，便形成了表層一條條清晰可見的紋路。每一座冰山便是如此，以自身記載著地球與海洋的故事。至於最特別的冰山被稱作為「黑冰」（Black Ice），那是積累了萬年以上的冰雪給扎扎實實反覆壓縮而成，幾近透明，宛如能直視靈魂深處的晶瑩冰塊。（而我們今晚的Happy Hour特調，竟然提供了產地直送的黑冰威士忌！）

隨著探險隊員熟練的駕駛技術，衝鋒艇流暢地穿梭在大大小小的浮冰間，我好奇地伸出右手往水面探了探，不再一如既往執著地握緊拳頭，徒勞地想在這片汪洋中抓住些什麼，任憑冰冷的海水在指縫間流淌而過。

對於南極洲而言，我不過是名短促逗留的旅者；而對於地球而言，我也不過是名暫且駐足的過客。踏遍萬水千山，翻越荒漠高原，我為了永恆尋尋覓覓；最終在這杳無人煙之地、在這混沌初始之境，我總算明白，自己能真正擁有的，僅僅是倏忽即逝的片刻。

鯨魚的尾巴

昨日造訪的半月島是南極洲外圍的小島，此刻我們即將前往雪地健行的波特爾角（Portal Point），則是位於南極半島上，也就是說，今日是真真切切地踩在南極大陸上啦！探險隊員們特別為此準備了完全制霸七大洲的旗幟，雖然南極只是我所登陸的第六大洲（剩下不久後即將前往的非洲就能全部解鎖了），但無論如何還是先摘旗再說！

正慶幸這兩天都是晴空萬里的好天氣，下午突然變天，只得取消原訂的登陸行程，「由於天候因素，我們決定執行B計畫，目的地改為夏洛特灣（Charlotte Bay），而就在剛剛，我們在附近觀察到了異常活躍的座頭鯨（Humpback Whale），因此下午三點會由探險隊員們駕駛衝鋒艇，帶領各位尋找鯨魚的蹤跡。」

和昨日晚餐時段衝出甲板追尋虎鯨（Orca）身影時的鼓躁喧鬧截然不同，此刻大家不約而同地屏氣凝神，安靜地聆聽鯨魚噴氣的聲音，並仔細搜索何處有濺起的水柱。

「鯨魚！」就在我們衝鋒艇前方不到十公尺處，一彎墨黑如夜的神祕弧線倏地切開了原先光滑如脂的平靜海面，旋即又從容優雅地潛入海中，最後像是和我們打招呼似地伸出了鰭，俐落地向前在水面再度劃開了一道銀色縫隙。正疑惑著為何這頭鯨魚前進的速度異常緩慢，並一直徘徊在水面高度，而且附近似乎還有一隻體型較小的鯨魚呢？

「It's a happy whale moment!」眼角淚光閃爍的Dani給出了解答，「我成為海洋生物學家十年，出海觀測鯨魚上百次了，這是我第三次如此近距離目睹，鯨魚媽媽為鯨魚寶寶哺乳的動人時刻。這個世界上再沒有比這更美的畫面了。」Dani對鯨魚的執著與熱情，深深感動了我。

吃飽喝足似乎心情大好的鯨魚寶寶，開始不斷繞著我們的衝鋒艇巡游，就在下個瞬間，鯨魚寶寶縱身一躍，其棕色與白色獨特花紋的尾巴，就這樣毫無預警地出現在我的視野中。這是我這輩子經歷過最魔幻的時刻，像是有人關掉了整座劇場的光源，只留下了舞台上那盞打在鯨魚寶寶身上的聚光燈；又是誰按下了停止鍵呢？周圍的一切彷彿被凍結了時間，只剩鯨魚寶寶潛入海中的那畫面，在我眼前以慢動作播送著；而整個宇宙頓時萬籟俱寂，耳中只聽見鯨魚寶寶尾鰭拍擊水面的聲響，以及自我胸口傳來那震耳欲聾的巨大心跳聲。

原以為在船隻離開烏蘇懷亞的那一天我會哭出來，也曾猜想哭點會是踏上南極大陸的當下，又或許是第一次看到企鵝寶寶的那一刻，而直到今天我才明白，原來真正觸動我心、壓垮我淚腺最後一根稻草的，是鯨魚。

傳說中看見鯨魚的尾巴，就會帶來好運。如果真是如此，那我肯定連來世的幸運值，都在今天給一口氣集滿。在接下來的整整二十分鐘，這隻鯨魚寶寶不斷地在我們面前展示牠那優美動人的舞蹈，而我的眼淚也整整二十分鐘，沒有停過。

極地跳水

連二〇一八年前往終年溫暖的日本沖繩浮潛時都會失溫，導致從此心理陰影面積超大的我，早在一開始預訂行程時，就鐵了心絕對不參與南極之旅的必備瘋狂活動——極地跳水（Polar Plunge），然而當我問起這一路遇到去過南極的旅人們，竟得到一致的回答，「跳啊！當然要跳！」

回想人生中最可怕的跳躍經驗，大概就是二〇一八年紐西蘭的高空跳傘了，由衷佩服五年前的自己，現如要我再嘗試，那是絕對不可能了，深刻感受到自己年紀越大、膽子越小呀！然而，終於迎來了這整趟船旅最不想面對的時刻，還在猶疑不決的我在走廊上被Jane逮了個正著，「我們這輩子也許就只來南極這麼一次，很多事物如果現在不嘗試，以後就沒有機會了！」收起一貫活潑嬉鬧、甚至略帶搞笑的態度，Jane緊握著我的手（讓我沒有逃跑的餘地）語重心長地對我說，「我其實非常佩服你，在這樣的年紀就能勇敢逐夢。我一直到了七十歲才開始懂得為自己而活。所以我去了非洲、去了許多語言不通的偏遠部落，如今又來到了南極。很多人都認為我太過瘋狂，而我自己也十分認同（笑），那是因為我把每一天都當作最後一天來過。」

「人生比你所想的還要短暫哪！為了不讓自己後悔，就勇往直前吧！」

由於船艙內二十四小時都提供有恆溫二十二度的暖氣，因此在認命地換上泳衣後，其實還覺得挺暖和的；但就在跟著眾人在走廊上排隊，探險隊員打開甲板艙門，外頭凜冽寒風灌進來的瞬間，我後悔莫及。

當年高空跳傘嚇得我魂不附體的回憶片段，至今仍歷歷在目。當直升機起飛並不斷盤旋上升後，與其他遊客擠在不甚寬敞的機艙內，任憑跳傘教練用安全繩和扣環將自己牢牢繫住，動彈不得卻想臨陣脫逃也為時已晚，坐在窗邊看著地面景物越變越小，直到完全消失，大腦無法克制地開始想像自己被拋出門外的一百種畫面，在恐懼感將自己完全淹沒前，竟恨不得艙門立刻打開，讓我趕緊結束這一切。

而南極跳水最令我感到心驚膽顫的，則是瑟瑟發抖像待宰羔羊似地，等在隊伍中被後方乘客強制推著前進，耳邊傳來重物擊落的水花飛濺聲，與夥伴們淒厲慘烈的尖叫聲。嘗試著探頭往外窺探，現下飄著細雪使得眼前霧氣彌漫，因而只能從一片朦朧中隱約認出環伺的冰山輪廓，以及身著厚重雪衣與毛帽的探險隊員身影。

怎麼這麼快就輪到我了？踏上往南冰洋孤零零延伸而出的起落梯的那一刻，得到了在上層甲板看戲人們英雄式的歡呼，但我的動作根本毫無氣勢可言，數分鐘前好不容易做好的心理建設，在這零度的冰天雪地中瞬間凍結。我前後來回躊躇了無數次，在眾人的鼓譟下，覺得自己再不跳，下一秒就會被探險隊員踹下去了。

於是，冷靜，深呼吸……

一、二、三，跳！

身體狠狠地與海平面撞擊的那一刻，腦海裡瞬間炸出了漫畫中的對話框，那對話框巨大到遠遠超出頁面，而邊緣呈鋸齒狀的框內僅出現這句台詞，「Ah!!!!! What the fxxx!!!」

接下來大腦則是一片刷白，突如其來的凍寒使得全身皮膚感到微微刺痛與麻痺感，儘管南極海域的海水鹹度與其他大洋並不相同，但我的味覺敏銳度可能還沒達到那般登峰造極的境界。

「我終於嘗到南冰洋的海水滋味了！原來一樣都很鹹嘛！」不知為何當下還有餘裕湧現這莫名其妙的心得。慶幸的是還沒來得及閃現人生跑馬燈之際，就被Willie用繩子拉回船上了，貼心的Dodo趕忙為抖個不停的我遞上浴巾，而從上層甲板奔下樓來的Jane，不顧自己會被冰冷的海水沾濕，衝上前來緊抱住我，並對著我說：「你好棒，我以你為榮！」

正準備火速回房沖個救急熱水澡時，被Teddy攔了下來，「要不要來杯威士忌

shot？立刻就會變得暖和呦！」看來再來個第二次極地跳水也不賴嘛！

比宇宙更遠的地方

轉瞬間，來到了即將向南極大陸道別的這天清晨，收拾好行李後，我上樓前往三面皆是大扇窗的大廳，打算將這美麗海域的最後身影牢牢映在眼底。想不到早有不少乘客散坐在各處角落，並且一反常態地相當安靜，無人交談，每個人都專注地凝望著遠方。

冰山呈現出相當細緻的色彩，不同色階的藍承襲著不同長度的歲月。隨著探險隊員熟練的駕駛技術，衝鋒艇流暢地穿梭在大大小小的浮冰間。

突然間，一陣騷動打破了沉默，來自中國而定居加拿大的Yugi呼喚著我，「前面有彩虹哪！」在南極之旅的第一天出發時有彩虹送行，想不到最後一天彩虹又來幫我們接風。我站在甲板上，暗自期待著船隻能追趕上那道橫越天穹的七彩橋梁，卻也終於學會在最後一抹絢爛消失天際時，不再感到悵然若失。

我跨越了這片大海，跨越那座被風暴和怒濤守護的冰之大陸。

選項一直都有，而我堅定地做出了前往南極的選擇。

我已經抵達了比宇宙更遠的地方。

CHAPTER 4

克服未知才能自由

在墨西哥卡門海灘的Cenote Chac Mool與Cenote Kukulkán進行洞穴潛水，是我這趟世界旅行的第一次潛水，也是我這輩子有過最不可思議的體驗。

◆ 加拉巴哥群島

自我的動物星球頻道

孤獨喬治

在即將結束南極船旅前夕，和船友們互相交流彼此接下來的旅程動向，說了自己預計前往加拉巴哥群島潛水時，得到了眾人如此的回饋，「天啊！你從南極這個天堂，即將前往下一個天堂！」

四年前向Gary與Daisy教練學習水肺潛水，當時他們剛結束了為期近一年的環遊世界之旅，回台後便在墾丁開設了潛水教室。還記得第一天上課時，看見那張懸掛在潛店大廳牆上的海報，那是張可自由標記足跡的世界地圖，然而不同於一般，他們做記號的區域不只是大陸板塊，在幾座海域上也插滿了各色圖釘。

直到數年後，我開始規劃這趟旅行，才明白或許當時，我的心，也早被牢牢地釘在那幅地圖上了。

「我也要跟隨你們的腳步，前往地球各處流浪了。教練們有沒有推薦的潛點呢？」半年多前仍在苦思旅遊路線的我，傳了這則訊息向Daisy諮詢。

「如果中南美洲只能選擇一個地方，那麼答案絕對是這個世界級潛點——加拉巴哥群島！一定要去潛爆！」Daisy興奮又激動的情緒，幾乎就要從我的手機螢幕破殼而出。

就是這樣被Daisy熱情推坑下，我於二月初造訪了距離智利本土四千公里的復活節島，緊接著朝聖了世界的盡頭——阿根廷的烏蘇懷亞，接下來在結束了冰天雪地的南極洲遠征冒險後，時序來到了三月中，我片刻未歇地飛來另一個遠得要命王國——加拉巴哥群島。

加拉巴哥群島（Islas Galápagos，意為「陸龜群島」）隸屬厄瓜多，是位於東太平洋接近赤道的火山群島，離厄瓜多本土有一千一百公里。加拉巴哥群島由七座大島、二十三個小島與五十多個岩礁組成，其中以伊莎貝拉島（Isla Isabela）這座島嶼面積最大，聖克魯茲島（Isla Santa Cruz）主島人口最多，而我此行最希望看到的錘頭鯊，則主要棲息於聖克里斯托巴島（Isla San Cristóbal）。

加拉巴哥群島因受海洋的隔絕，躲避了外來物種的干擾，動植物得以在得天獨厚的封閉環境中演化。一八三五年九月，英國博物學家查爾斯・達爾文（Charles Darwin）搭乘小獵犬號，前往南美洲從事自然調查研究工作，正是看到加拉巴哥群島內的各類獨特生物，進而激發靈感，於是在二十多年後發表了生物學上非常重要的著作《物種起源》。

加拉巴哥群島現今共有著七百多種陸上動物、八十多種鳥類及昆蟲，許多生物更是全世界絕無僅有，其中以加拉巴哥象龜、加拉巴哥陸鬣蜥、加拉巴哥企鵝與藍腳鰹鳥等最為著名。

在一五三五年人類抵達加拉巴哥群島前，據科學家估計，至少有一百萬頭巨大陸龜在群島上生活著，其中十五種為特有種。就算在缺乏食物與飲水的條件下，陸龜仍可持續存活數個月，因此，捕鯨者與水手們視其為遠航的完美蛋白質來源，自十八世紀起，大量的陸龜被抓捕，導致數量急遽減少。至十九世紀，人類為了從陸龜身上提煉出具高經濟價值的油脂，造成成千上萬的陸龜遭到獵殺，加速其瀕危的命運。

一九五九年，正逢達爾文發表《物種起源》一百週年，厄瓜多政府正式宣布，加拉巴戈群島百分之九十七．五的土地面積劃定為國家公園，此外，在基金會的資助下，於聖克魯茲島建立了達爾文研究站，主要進行多項生態研究與保護本地物種等項目。

免費入場的研究站中展示有加拉巴哥陸龜的龜殼、陸鬣蜥的標本與抹香鯨的脊椎骨等，而展館中的主牆鑲嵌了一幅立體地圖，上標示著各種特殊生物的棲息地，也介紹了島上十二種現存陸龜與四種絕種陸龜。遺憾的是，一九七一年被發現的全世界唯一一頭平塔島象龜（Pinta Island Tortoise）——孤獨喬治（Lonesome George），隨著牠在二○一二年的死亡，平塔島象龜正式在地球上絕跡。市中心另一處的生態保育中心，門口放置了一座孤獨喬治雕像以茲紀念。

藍腳鰹鳥

藍腳鰹鳥（Blue-footed Booby），主要棲息在熱帶與亞熱帶的太平洋島嶼，其中最著名的地點莫過於此地——厄瓜多的加拉巴哥群島，這裡也是達爾文首度對藍腳鰹鳥進行深入研究的地方。

以魚類為主食的藍腳鰹鳥，腳蹼之所以呈現卡通感十足的藍色，是因其皮膚上特殊的蛋白質與沙丁魚中的「類胡蘿蔔素」結合的緣故。

腳蹼的顏色對藍腳鰹鳥來說，可是具有非常重要的意涵。求偶季節來臨時，雄鳥會高抬腳掌雙腳輪流在地面踩踏，以展示自己帥氣的腳丫，因腳蹼顏色越濃郁鮮豔，即代表這隻藍腳鰹鳥越會捕食、越會吃、越強壯，為了利於繁衍，雌鳥往往會選擇腳蹼顏色較深的雄鳥；炫耀完腳蹼後，雄鳥會將脖子與尾巴極盡所能地筆直拉長，最後再得意地展開寬闊的翅膀。這一套繁複的動作，就是藍腳鰹鳥超可愛又經典的求偶舞。

也因如此，今天有位遊客穿了一身超亮麗的藍色上衣，正要走近與總是成雙成對形影不離的藍腳鰹鳥合照時，其中的雄鳥感受到巨大的威脅，對空咆哮一聲後，便立刻轉過身去，眼神銳利地瞪著那名遊客，然後……

一言不合就跳舞！

這隻藍腳鰹鳥超懂武德，居然知道要打就要去練舞室打！

笑得前俯後仰的我，就這樣看著牠整整尬了一分鐘的舞，直到另一位穿著不同色系衣服的挑戰者過去合照後，牠才安心地放下腳來。

錘頭鯊風暴

說來慚愧，儘管數年前便開始接觸水肺潛水，但我仍對開放水域有著深不見底的驚

以魚類為主食的藍腳鰹鳥，腳蹼之所以呈現卡通感十足的藍色，是因其皮膚上特殊的蛋白質與沙丁魚中的「類胡蘿蔔素」結合的緣故。

惶與畏怯，會被如此龐然陰影給牢牢攫獲，無非是源自於兒時某次溺水經驗，從那之後，我就只敢在摸得著邊、踩得到底的游泳池裡活動。

然而在迷上了自助旅行後，我深深明白，在廣袤的褐色陸地之外，占據地球更大面積的，可是遼闊的蔚藍海洋哪！如果沒有潛入海底的能力與決心，那麼這個世界不就少了百分之七十的美好了嗎？因此，絕不能讓恐懼擊潰我的心靈，而戰勝恐懼的絕佳方式，除了直面內心最脆弱之處、不再逃避之外，別無其他。

但在初次背著氣瓶與裝備下海時，深深刻在潛意識裡的驚懼仍險些將我滅頂，理智上明白有著全套潛水背心且氧氣量充足，此刻只要咬著二級頭平穩地呼吸吐納，在教練的照看下非常安全，然而全身緊繃僵直的我，卻無法克制住自己在水中拚命摸索，試圖想抓住些實質物體找尋依靠的衝動。

也不知在經歷了幾次練習過後，總算放棄無謂的掙扎與抵抗了，決心拋下一切讓海洋承接自己、讓溫暖的海水包覆著我的膽怯、讓柔和的海流穿越我的不安。那是我頭一回，終於能夠盡情享受潛水的樂趣，在深邃的大海之中，我感受到身心與靈魂皆是如此輕盈，如此無拘無束。

當我克服了恐懼，便得到了全然的自由。

在那之後，我深深沉醉於墾丁的繽紛珊瑚礁、綠島的夢幻祕境洞窟、可愛俏皮的海龜，以及足以讓我密集恐懼症發作的梭魚群風暴。

而這趟世界旅行的第一次潛水，則是獻給了加勒比海。墨西哥的猶加敦半島有著許多獨特的石灰岩溶洞地形，是石灰岩基岩因地下水的侵蝕坍塌後所形成的天坑。行前查找墨西哥的潛水資訊時，被網路上諸多溶洞潛水美照給吸引，於是在去年的十二月底前往了位於卡門海灘（Playa del Carmen）的潛點——Cenote Chac Mool與Cenote Kukulkán（Chac Mool在阿茲特克文明中具有水的意涵，也經常和雨神Tláloc一同被提及，而Kukulc(k)án正是馬雅神話中羽蛇神的名字）。

當時距上一潛已過半年，而那僅僅是我人生中第二次的海外潛水，再加上不知道自己處於黑暗又半密閉的洞穴中，是否會恐慌發作，下水前我可是焦慮值爆表。但就在入水後，剎那間，幾束銀光從隙縫中流洩而進石灰岩洞，讓原本晦暗未明的水域映現了眩目迷離的漸層色澤，像是不願驚擾羽蛇神的靜謐夢境，我們輕輕地、緩緩地踢動著蛙鞋，四周於是漾起一道又一道和緩的粼粼水波，那夢幻的光影閃爍竟讓我產生錯覺，誤以為自己是迷航的太空人於銀河系中飄流。

原來洞穴潛水是這麼回事呀！平時即使處於再深的海域，只要抬頭仍可見到上方的水流、魚群或珊瑚，但在溶洞裡，上頭則是被一整片擁有絢麗波紋的石灰岩壁天花板給覆蓋，頓時覺得自己像極了被關在水族箱裡的海洋生物。而越往深處游去，環繞四周的滿滿都是碩大無比且氣勢恢弘的海量鐘乳石、石筍及石柱！如此鬼斧神工的驚人地貌，讓我數度懷疑剛剛是否真的無意間穿越了蟲洞，現抵達了位於宇宙間的某顆不知名星球。

那是我這輩子有過最不可思議的潛水體驗。

睽違了三個月，在轉了好幾趟飛機，前後花了逾三十個小時，千里迢迢來到加拉巴哥群島後，終於能夠朝聖Kicker Rock——這個位於聖克里斯托巴島的潛點。原本抱持著只要能讓我看到一隻錘頭鯊，便此生無憾的渺小心願，想不到今日豈只是美夢成真而已……

居然一次來了五十隻呀！

而且不只是錘頭鯊（水下深度約十八至二十四米），還看到了一群白鰭鯊和加拉巴哥鯊（水下深度約十二至二十米），此外還加碼了一隻鬼蝠魟！這一潛五十分鐘，我從頭到尾都在水裡激動地手舞足蹈，就連導潛和船員也都開心到不行，不斷地自拍和互錄影片。上岸後，導潛Carlos甚至盡興地高喊，「¡Loco! ¡Loco!（太瘋狂了！）我當導潛這麼多年來，從來沒有一次看過數量這麼多的錘頭鯊！」

聖克里斯托巴島潛水一日遊的驚喜之旅結束後，快艇準備行駛回主碼頭，突然間，我們看到不遠處的海面上，有數個忽隱忽現的小小黑影。

「我的天啊！是海豚！海豚！」

所有人同時衝到左側，讓失去平衡的船差點要整艘翻過去，那三隻海豚與我們前進的方向相同，伴著我們的船隻，輕靈地不斷躍出水面朝前方游去，漆黑閃亮又有光澤的身體與可愛的背鰭，讓我憶起了兩週前在南極看到座頭鯨時的感動。此時，有另一群海豚也加入了牠們的行列，轉頭一看，遠方居然還有更大一群正追隨牠們前來，並且離我們越游越近、越游越近，最後來到了我的眼前！

於是我又哭又笑、又尖叫又語無倫次的戲碼再次上演，而這約莫二十隻的海豚，就這樣陪伴著我們游了整整三分鐘。

在這趟如夢似幻的加拉巴哥群島之旅中，謝謝這些美麗的生物帶給我如此珍貴的禮物。如果當年我仍在岸上躊躇不前，沒有跨越那道天空與大海的交界，那麼我將永遠無法得知，自己原來也可以游得這麼遠。

CHAPTER 5

撒哈拉
一場久違的雨

摩洛哥非斯最大最古老的皮革染坊——Chaouwara Tanneries，六百多年來依舊遵循著古法，將牛皮或羊皮依不同顏色所需，各自放入萃取自天然原料的染劑中。

◆摩洛哥

不可能在撒哈拉沙漠下暴雨吧！

有一種餓，叫摩洛哥爺爺們覺得你很餓

在人潮洶湧的候機大廳裡，我掙得了一個狹小的角落，戴上耳機將音量調至最大，總算能夠沉澱下來整理這數個月來的照片。

檢索自己的IG文章至尚未啟程的最初篇，看到了當時放在貼文的一張圖，那是由函潔在日拍二手網站幫我購入的，至今已伴我度過無數風雨、捱過無數烈日的登山包；在登山包旁邊的，是一座差點因為我的笨拙而搞砸的、拆解後又重新組裝得歪歪扭扭的木製拼圖地球儀。

「你可以在以前去過及之後計劃要去的國家拼圖板塊上，塗滿自己喜歡的顏色。」─去年生日，收到了YC贈與的這項禮物，利用下班空檔，整整花了一週的時間，勉強大功告成。當立體地球儀總算能夠轉動的那一刻，無限的暖意與無比的勇氣頓時湧入心底，也就是在那當下，我終於知道，自己已經準備好了。

二〇二三年四月下旬，上路超過半年後，我終於能在地球儀上的最後一片空白板塊，填滿最後一道色彩。飛越與西班牙相隔僅十四公里的直布羅陀海峽，我人生中的第七大陸──非洲，正式解鎖！

入境摩洛哥的那天，正值齋戒月（Ramadan）倒數第三天，摩洛哥有百分之九十九的人口信仰伊斯蘭教，根據《古蘭經》記載，伊斯蘭曆法中的第九個月，是真主阿拉將《古蘭經》下示給先知穆罕默德的月分，因此穆斯林們需要在這個一年當中最神聖的月分進行齋戒，日出之後到日落之前必須禁食，連飲水也是不被允許的。

從機場搭火車至卡薩布蘭卡（Casablanca）市區已近日暮時刻，旅館的工作人員爺爺們原已備好餐點準備休息進食，竟也熱情地招呼我坐下，並與我分享哈利拉濃湯（Harira Soup）和麵包。這款摩洛哥最為著名的傳統風味湯，是穆斯林在齋戒月時非常重要的食物，也是我踏上摩洛哥後品嘗到的第一道餐點；黃昏時分，人們通常以此湯品做為一整天的第一餐，並搭配摩洛哥麵包（Khobz）一起食用。

此外，餐桌上還出現了一盤小點，上面放了數顆椰棗和幾片名為Chebakia的酥脆餅乾，同為齋戒月期間或其他宗教慶典中時常出現的點心。

不擅長喝湯但為了表示禮貌與尊重的我，努力地把哈利拉濃湯清空見底，想不到爺爺們見狀居然立刻奔進廚房，再舀了一大勺熱騰騰的湯，貼心地幫我續碗。

有一種餓，叫摩洛哥爺爺們覺得你很餓。

馬拉喀什的貓咪

與擁有全世界最高的宣禮塔、同時也是全世界第三大建於海上的哈桑二世清真寺（Hassan II Mosque）告別後，前往下一個目的地紅色之城——馬拉喀什（Marrakech），然而我卻被困在了位於主廣場上，那錯綜複雜宛如迷宮般的半露天市集（Souk）裡。目不暇給的炫目商品填滿了各個攤位，手作柏柏爾與阿拉伯拖鞋、以天然材料渲染而成的罩衫與頭巾、華美璀璨的燈飾、有著精緻彩繪的各種尺寸的塔吉鍋等，它們毫不客氣地絆住了我的腳步。

除了視覺上的審美疲勞外，在嗅覺上更是衝擊，各種氣味彌漫四周，以摩洛哥國民茶的原料——薄荷為背景之下，還可嗅到各式藥草的獨特味道，而無數種薰香也像在互相較勁似的充斥每個角落，另外還混搭著現烤摩洛哥餅這令人食指大動的香氣。馬拉喀什甚至連我的耳朵都不放過，小販叫賣聲、機車喇叭聲、遊客殺價聲、從清真寺揚聲器傳出阿訇的吟唱禱詞聲，音量太過嘈雜，阿拉伯語、法語、英語、西語、德語，資訊量過於龐大，數度暈眩的我簡直無力招架。倒是輕鬆穿梭於車水馬龍間的小貓咪們，全然不受忙碌緊繃的市集氛圍影響，一派優閒地或伸著懶腰、或睡到翻肚，成了馬拉喀什最恬淡的一片風景。

梅爾祖卡沙漠之旅

四天三夜的撒哈拉（梅爾祖卡，Merzouga）沙漠之旅，從馬拉喀什展開，首日必須一路拉車逾十小時，以便趕到有著奇岩峻壑峽谷地形的廷吉爾（Tinghir）。看著車窗外的景色，從繁忙喧鬧的市景、擁擠混亂的街道，逐漸轉換成開闊蒼茫的大漠，我靜靜享受這杳無人煙的僻靜。

突然想起半年前看過馬世芳老師分享的一篇文章，他推薦了一組撒哈拉搖滾樂團——Tamikrest，成員由柏柏爾（阿馬齊格）遊牧民族中的圖阿雷格人（Tuareg）組成，於是趕忙下載來在車上播放。真如老師所說，一聽便深深為之著迷，Tamikrest以電吉他、電貝斯、爵士鼓與非洲鼓，演奏傳統的柏柏爾風格音樂，並融合了西洋搖滾樂元素，雙主唱的迷幻嗓音搭配眼前的沙漠景致，讓我全身心地沉浸其中，完全忽略了路途的漫長與顛簸。

分布於西北非的柏柏爾人（Berbers，柏柏爾語：ⵉⵎⴰⵣⵉⵖⵏ），實際並非單一民族，它是眾多在文化、政治和經濟等層面相似之部族的統稱，在北非約有一千四百至兩千五百萬人說柏柏爾語，主要集中在摩洛哥和阿爾及利亞。

然而「柏柏爾人」事實上源自於希臘文βάρβαρος（Barbari，意指「野蠻人」），是西元四世紀時古希臘人用來形容那些不會說希臘語的人，因此，柏柏爾人多半不喜歡這帶有貶義的稱謂，轉而稱呼自己為阿馬齊格人（Amazighs），意為「自由人」或「高尚之人」。

一九八〇年三月，阿爾及利亞民眾不滿當局刻意打壓柏柏爾語，該國自獨立以來最大型的示威行動「柏柏爾人之春」（Berber Spring），遂於卡比利亞（Kabylie）展開序幕。雖於不久後因鎮壓而告終，然而阿馬齊格復興之父——木如．馬莫里（Mouloud Mammeri）仍持續為提倡語言與文化四處奔走，卻於一九八九年二月遭遇車禍而身亡，使得阿馬齊格復興之路一度受阻。

直到二〇一一年爆發阿拉伯之春後，才又喚起了第二次的柏柏爾人之春。而這一波行動的影響層面更為廣泛，迫使摩洛哥及阿爾及利亞政府正視阿馬齊格人的文化認同，這兩國並先後於二〇一一與二〇一六年將阿馬齊格語訂為官方語言，在公共學校內展開母語教學。

撒哈拉沙漠下暴雨?!

撒哈拉（梅爾祖卡）之旅，最浪漫的行程莫過於伴著璀璨繁星在沙漠中入夢，抵達了下榻的營區，剛進入帳篷準備卸下行李時，突然聽到一陣嘈雜聲響，接著空氣中飄散著一股擁有雨女體質的我再熟悉不過的味道，我趕忙丟下手邊的裝備衝出帳外……

在我累積了這十多年的自助旅行經驗中，儘管歷經無數次航班因颱風取消、火車因突如其來的強風停駛、滿心期待搭纜車上山卻只看到眼前濃霧一片、一整週風和日麗只有我在的那幾天狂風暴雨等這些離奇的荒誕事蹟，但……

不可能吧?!

不可能吧?!?!?!

不可能在撒哈拉沙漠下暴雨吧!!!!!

直到晚餐時刻，這無情風雨絲毫也沒有要收斂的意思，眾人就坐在室內傻眼看著屋外的大雨滂沱，營區老闆Muhammad幽幽地在一旁說著，「我們這裡啊，已經一整年沒有下雨了呢。」

我開始認真思考要不要乾脆留在這裡，祈雨打工換宿籌旅費算了。

這場震撼的沙漠暴雨，所幸在晚餐過後放晴了，令我非常期待的阿馬齊格音樂營火晚會，得以如期舉行。這座營區由Muhammad的阿馬齊格大家庭所共同經營，所有成員皆著傳統服飾並纏繞著各色頭巾，眾人肩併著肩，在以木材搭建的露天舞台中央坐成一長排，有人敲擊著木箱鼓，另有人手握金屬響板Qraqeb，也有些人未持任何樂器，僅以雙手打著韻律十足的節拍；與此同時，所有人相互唱和著傳統樂曲，然後默契十足地相視而笑。

儘管完全不懂阿馬齊格語，依然對沙漠音樂的空靈魔力、現場的歡樂氣氛和家族間的深厚凝聚力深深著迷，然而我的眼皮卻在燃燒得劈啪作響的熠熠火光中越來越沉重，撐到了十一點，體力不支回到帳篷倒床後，伴著持續至夜半的樂音與笑語聲沉沉入睡。

阿馬齊格歌謠是撒哈拉沙漠中最動聽的旋律

在沙漠營區的隔日清晨，我五點半就甦醒過來，梳洗一番並打包行李後，走出了帳篷，天色漸光，我一步步爬上沙丘的頂端，獨享這全然的靜謐。心滿意足地欣賞完令人屏息的日出後，正準備返回營地時，一名女孩叫住了我，「要不要跟我們一起走到更遠更高的另一端呢？」轉身一看，是位身著摩洛哥傳統女性禮服Caftan的女孩和她的家人們。

「我們也是住在沙漠中的阿馬齊格人，離這裡開車一個多小時的Errachidia便是我們的家鄉，我們每年都會來這裡度幾天假。」Ghizlane對我解釋道。難怪昨晚我聽見

Ghizlane的爸爸，手鼓打得比營區的任何工作人員都好！

對於我隻身一人來到人跡罕至的荒漠舉動，Ghizlane與她的家人都感到相當驚奇，而在提及離開摩洛哥後，即將啟程前往歐洲各國，Ghizlane流露出欽羨的目光，並對於持台灣護照能夠在歐盟申根國家免簽旅遊感到不可思議，「我們想取得進入歐洲的簽證非常困難，因為每年有太多摩洛哥人逃出國境非法滯留。即使僅隔著直布羅陀海峽的距離，對我們而言仍是極其遙遠。」

那短暫拂過Ghizlane臉上的沮喪神情，下一秒立刻被她明亮而堅定的笑容所取代，「所以我現在非常努力念書，希望之後能夠申請獎學金到歐洲留學。只要能夠前往西班牙，那就是我目前最大的心願了。」

對我而言許多習以為常、甚至被視為理所當然的事物，在跨越另一個國度後，竟成

在梅爾祖卡的Erg Chebbi沙丘上，和Ghizlane一家度過了美好的清晨後，我們一起步行回營地時，走在我身後的Ghizlane，為我拍下了這張照片。

了他人遙不可及的夢想。我注視著Ghizlane和我在細軟沙地上並肩而行所留下的足跡，在冉冉升起的朝陽照射下，逐漸顯得耀眼而鮮明。

雖然只能和Ghizlane以英語聊天，不會說阿馬齊格語也不會阿拉伯語的我，無法與她的父母和弟弟溝通，但我們還是度過了非常愉快的時光。

我們一起吃力地在沙丘上攀爬，而後擺出各種創意十足的搞怪姿勢拍照，Ghizlane還用手機播放了阿馬齊格傳統音樂，我們坐在沙地上邊甩著頭邊打著節拍，忘情地隨著旋律哼起歌來。

這短短的一個小時，成了我這趟撒哈拉沙漠之旅，最喜愛的時刻。

台灣人是非斯最美的風景

離開了奇幻的梅爾祖卡沙漠，往下一座城市——非斯（Fez）前進。一抵達今晚住宿的Riad Farah，就被職員Marwane親切的笑容熱烈迎接，他為我做了詳盡的城市導覽與歷史介紹，並特地帶我上屋台，飽覽整座古城的日落美景，隨後又奉上了摩洛哥式的接待標配——手沖薄荷茶與小點。

這幢位於非斯老城區的Riad華美至極，寬敞明亮的中庭有一座優雅的淨手台、彩色玻璃門窗有種動畫中的魔法陣感、精心挑選的家具擺設營造出浪漫氛圍，甚至還有奢華的沙龍區可供放鬆。六間房各以不同城市及不同色調為主題，我今晚入住的是白色卡薩布蘭卡房，床框、衣櫃與桌椅都有彩繪花卉，牆上與天花板的精緻雕刻及四座浮誇燈飾，都讓我有種置身宮廷的錯覺。然後，等等，是我眼花嗎？為何看到床上擺了一張有著娟秀字跡的手寫明信片，而且居然是繁體中文？

「是的，這張明信片是給你的驚喜。」Marwane露出了一副得意的笑容對我說。

「哈囉你好，我是這間民宿的主人Rossella，好開心在COVID-19後可以再次在民宿裡看到台灣人。有任何需要都可以隨時跟我們說，台灣人都是這間民宿的VVIP。」

不可能在摩洛哥也能訂到台灣人開的民宿吧！讀完明信片後，我不顧形象地直接在Marwane面前驚喜地又叫又跳。隔天和Rossella順利地在民宿裡見面了，這名超猛奇女子，在二〇一六年首次到摩洛哥獨旅時，便深深愛上了這個充滿異國情調的神祕國度，且像童話故事般有了場浪漫邂逅；維持兩年的遠距後，決定追愛到天涯海角的她，便隻身飛來摩洛哥，而後於非斯定居，買下了這棟老屋並重新翻修，從看房、裝修、招募等所有瑣事皆由自己一手包辦。二〇一九年年底民宿正式營運，但很不幸地，幾個月後便爆發了新冠疫情，觀光業受到重挫，民宿只能暫時關閉。而近兩年期間，她選擇在摩洛哥咬牙苦撐，無論如何都不放棄當初的夢想。終於在半年前，全世界疫情趨緩，旅遊限制鬆綁，Riad Farah在Rossella的堅毅與勇氣守護下，奇蹟似地浴火重生。

在Google地圖毫無用武之地的非斯古城，好感謝在地專業嚮導Rosella的帶路，完成了我造訪此城的最大心願，那便是參觀非斯最大最古老的皮革染坊——Chaouwara Tanneries！

進場時，染坊的工作人員會發放薄荷葉給每位遊客，如果當下因為矜持而沒將它塞進鼻孔，那麼立刻就會被排山倒海、氣勢萬鈞的阿摩尼亞氣味襲擊倒地。之所以會產生如此駭人的氣味，是因為這座染坊自開始運作的六百多年來，依舊遵循著古法：牛皮或羊皮被取下後，得經過一系列繁瑣的純人工鞣製過程，且在染色前，必須先浸泡到由牛尿與鴿糞製成的天然有機白色藥劑中去毛。

而後，則依顏色所需，欲染成暖色系者，放入前半部土黃色的染缸；欲染成冷色系者，則置於後半部的白色染缸中。兩百多個染缸內存有五顏六色的染劑，全都是萃取自天然原料：紅色是罌粟花，黃色是鳳仙花，綠色是薄荷，藍色為木藍，棕色為雪松木。

染色完畢後的各色皮革，便由當地的職人製作成各式製品：包包、皮衣、皮帶、椅凳等，其中最具特色的便是Babouche，其為摩洛哥的傳統拖鞋，分為兩種造型，圓頭為柏柏爾式，尖頭則為阿拉伯式。

參觀完染坊後，我們飛也似地奔回街道上，如釋重負般大口呼吸。我好奇地問了Rossella，為何摩洛哥到處都是可愛貓咪，她說因為在伊斯蘭教的信仰裡，認為貓咪是非常潔淨的動物，並且《古蘭經》中更明訓人類要善待動物，因此摩洛哥人們對貓咪特別友善，日落下班後，常可看到人們拎著一袋袋食物餵食街貓，甚至還用紙箱幫幼貓們搭建遮風避雨的小屋。

除此之外，另一個主要原因則是……原來先知穆罕默德（Muhammad）也是貓派呀！傳說中，某天到了該朝拜的時間，穆罕默德想起身，卻發現他的貓咪米埃扎（Muezza）正熟睡在他的長袍袖子上，為了不驚動愛貓，他便小心翼翼地將自己的衣袖剪掉，確認米埃扎仍睡得香甜，這才放心離去。

短短的三小時，Rossella為我在非斯老街內做了私人導覽，走訪了各個精華景點，最後甚至還堅持送我到巴士站。到底是何種奇妙的命運和美好的緣分，讓我這趟世界旅行中，在各個角落都能遇見台灣人，並且總是受到大家滿滿的照顧和溫暖的愛。

人，是旅途中最美的風景。

CHAPTER 6

每到一地
都像上了堂歷史課

阿爾巴尼亞的培拉特（Berat）古城，被鄂圖曼土耳其帝國統治了五百年之久，依山而建的房屋充滿了濃厚的鄂圖曼風貌，那一扇扇因注重採光而設計的大型方正木窗，使得培拉特有了千窗之城的別稱。

✦ 克羅埃西亞

原來我始終不是孤獨一人

再次跨越直布羅陀海峽後，心中湧現了一股安心感，除了源於踏上了熟悉的歐洲土地，大概還是因為終於可以和久違的大學好友元卜結伴遊覽西班牙。

冰與火之歌

我們在馬德里（Madrid）廣場追尋著太陽的方向，流連於普拉多美術館（Museo del Prado）內一幅又一幅的金色畫框；醉心於巧奪天工的聖家堂（Sagrada Familia），迷失在高第以幻想與才華打造的巴賽隆納（Barcelona）；目光一路追隨著那名來自塞維亞（Sevilla）佛朗明哥舞者的步伐，啜飲著一杯接續一杯的Sangría（西班牙水果酒）；

白日驚豔於阿爾罕布朗宮（Alhambra）伊斯蘭建築的精雕細琢，夜晚則懾服於天主教聖週（Santa Semana）遊行隊伍中那莊嚴肅穆的聖母像。

告別了大學好友後，我再次隻身上路往葡萄牙前進，很開心結識了一位來自荷蘭的插畫家Merel，天真浪漫又勇於將夢想付諸實踐的她，辭去了原在醫院的護理師工作，一個人開啟了環遊歐洲之旅，並將沿路所見的美麗景色，以手繪插畫的形式記錄下來。我們結伴同行，漫步於波多（Porto）這座充滿閒適氛圍的海港城市中，站在路易一世大橋（Ponte Dom Luís I）享受著自斗羅河（Douro）畔捎來的微風，並陶醉在一道又一道以藍色陶瓷拼貼而成的牆面；在里斯本傾心於法朵（Fado）歌者的吟唱，那曲調中透露出哀嘆命運的無限悲愴，然而同樣令我如癡如醉的，當然還有那吮指回味的蛋塔。

緊接著在伊比利半島之後我一路東行，與從台灣飛來的友人們在羅馬會面，展開了為期十八天的義大利之旅。我們著迷於五漁村（Cinque Terre）的繽紛童趣，同時也眷戀著科莫湖（Lago di Como）畔的風光旖旎，小心翼翼不讓自己對咖啡成癮，卻還是一頭栽入提拉米蘇的甜蜜陷阱；穿梭於競技場中遙想兩千年前羅馬帝國的光芒萬丈，徘徊於烏菲茲美術館（Galleria degli Uffizi）沐浴於文藝復興時期的藝術勃發，奔赴於米蘭大教堂那高聳入雲的哥德式尖塔，再由貢多拉船夫為我們划向威尼斯那金色的夕陽。

時序來到了五月下旬，我從義大利的濱海城市巴里（Bari），搭乘跨夜渡輪橫越了亞得里亞海，前往克羅埃西亞的杜布羅夫尼克（Dubrovnik）。身為小說《冰與火之歌》書迷與影集《權力的遊戲》粉絲，繼上個月摩洛哥的艾本哈杜（Aït Benhaddou）後，我的拍攝場景朝聖之路將要更為圓滿啦！儘管頂著睡眠不足的惺忪雙眼，仍興奮難耐地直奔古城牆，抵達被設定為劇中君臨城的城門——派勒門（Pile Gate）後，我欣喜若狂地手舞足蹈，當我一踏進入口，耳畔居然自動響起那舉世聞名的經典主題曲。

登上階梯後，順著保存完好的石牆遺跡前行，就能遠眺到劇中紅堡的原型——洛夫列納堡壘（Fort Lovrijenac）；隨後是波克爾碉堡（Fort Bokar），瑟曦、小惡魔與瓦里斯祕密會談之地；最後就是制高點明闕碉堡（Fort Minceta），那是被卓耿噴火燒燬的不朽之殿取景地。

做為瘋狂粉絲的激情稍稍退卻後，我倚靠在這七百年前搭建的城牆邊。這一路上在世界各處邂逅了許多不同海域，並驚喜地發現不同色階的藍竟也擁有不同性格：加勒比海藍的熱情奔放、莫雷諾冰川（Glaciar Perito Moreno）藍的清冷孤傲、南冰洋的遺世獨立、加拉巴哥藍的天真爛漫。而在今天這個多雲的日子裡，遠方海天交際處揉合成一片輕輕淺淺，我又為這趟旅程蒐集了另一抹新色彩——溫柔沉靜的亞得里亞藍。

台灣人是十六湖國家公園最美的風景

被聯合國教科文組織列為世界遺產的普利特維采湖群國家公園（Nacionalni Park

Plitvi ka Jezera），位於克羅埃西亞中部，因千溝萬壑的喀斯特地形享譽盛名，由石灰岩沉積所構築的天然堤壩，形成了許多湖泊與洞穴，園區內有十六座主要湖泊，故其又稱十六湖國家公園。

那彷彿要吞噬一切的恣肆狂亂，那震耳欲聾活像史前巨獸的嘶吼，抑或是來自地獄深淵的惡魔咆哮般的呼號，是所謂「瀑布」在我腦海中傾瀉而出的強烈印象。然而與阿根廷的伊瓜蘇瀑布（Cataratas del Iguazú）迥然不同，在十六湖國家公園內，因湖泊間的高低差所形成的無數道瀑布，卻構成了一派平和宛如置身天堂般的景致。千萬道細流溫婉地自腳邊流淌而過，所演奏而出的這支悠揚交響樂迴盪於雲杉林間，就算是偶爾不經意濺起的幾朵水珠，也不足以驚擾我悠長的白日夢。儘管萬分留戀這仙境，卻也不得不在關園前返回人間，我於是不捨地搭乘今日最後一趟電動船返回出口。

「妹妹，那個穿藍色衣服的妹妹，你會說中文嗎？」這……肯定是在叫我吧！轉頭一看，是位頭戴紅帽的大姐正熱情地向我招手，「來啦來啦！過來這裡跟我們一起坐啦！妹妹你從哪裡來的啊？」

盛情難卻的我移動到船的另一側後，向這組約莫二十多人的旅行團，進行了簡單的自我介紹，「我從台灣來的，我是台南人！」出乎意料地，居然得到了眾人如雷般的掌聲與歡呼，「哇！居然也是台灣人耶！」

緊接著，我被大哥大姐們團團圍住，大家熱烈地不斷你一句、我一句地丟問題上來：

「妹妹你自己一個人旅行嗎？怎麼這麼厲害！」

「怎麼會選擇來克羅埃西亞旅遊？」

「你平常都住哪裡？」

「有露宿街頭過嗎？」

「爸爸媽媽會擔心嗎？」
「大部分都用英文溝通嗎？」
「下一個目的地是哪裡呢？」
「打算什麼時候回去？」

根本無暇一一回應的我，像極了在上綜藝節目玩快問快答。

「今天是我獨自旅行的第兩百四十天，我的旅程是從南美洲開始的，在克羅埃西亞後，接著會前往斯洛維尼亞。至於什麼時候回台灣呢……沒錢的話就得回去了。但我希望自己至少還能再撐四個月，這樣就能完成我旅行一整年的終極目標了！」聽完我的回答後，紅帽大姐突然塞了樣東西到我手中，並誠懇真切地對著我說：「妹妹，你真的好勇敢，你要加油，這一點心意希望能幫助你繼續走下去。」低頭一看，居然是一張歐元紙鈔。還來不及反應過來，整團的大姐大哥們也紛紛打開各自的錢包，接二連三地上前來遞給我紙鈔，以及一個個熱情又真摯的擁抱。

普利特維采湖群國家公園，又稱十六湖國家公園，因千溝萬壑的喀斯特地形享譽盛名，由石灰岩沉積所構築的天然堤壩，形成了許多湖泊與洞穴。

「你自己一個人在外，一定要很小心喔！」

「要好好照顧自己，吃好穿暖，知道嗎？」

「你真的超棒、超勇敢的，要玩得開心喔！」

「加油加油！我們台灣見喔！」

結果我航程後半段哭到完全說不出話來，就連下船後淚水還是無法止歇，就這樣一把鼻涕一把眼淚地不斷向眾人揮手致謝，並道別。這是我旅行以來第一次遇到這麼一大團台灣人，也是我旅行以來第一次，有那麼一點點想家了。再次深刻地體認到，自己是何其幸運，有著眾人的愛相伴，讓我的這趟獨旅，從來都不是孤獨一人。只因為知道我也來自台灣，就如此慷慨且無償地將愛分享予我這個萍水相逢之人。謝謝大姐大哥們給我的，手中的這一大疊溫暖與勇氣。

距離完成夢想還剩四個月，我想我絕對、絕對可以再繼續走下去。

劉海會長長但回憶會留下

要我怎麼能不愛阿爾巴尼亞人？

數個月前在加拉巴哥群島認識了一對德國情侶，在得知我夏天將抵達巴爾幹半島後，他們便極力推薦位於希臘北邊的阿爾巴尼亞，慚愧的是，我非但對這個國家一無所知，當時甚至還是我人生中第一次聽見這個國家的名字；而阿爾巴尼亞原先僅是做為我在巴爾幹半島「路過順便解鎖」的國家，沒想到一待便是兩週，離開時除了帶走了滿滿的阿爾巴尼亞近代史知識，更帶走了滿滿的阿爾巴尼亞人給予的善意與關懷。

六月下旬，就在我圓滿了身為一介凡人窮極一生亟欲渴求的想望——在奧林帕斯山腳下仰望希臘眾神後，告別了讓考古迷的我留戀不已的雅典，懷抱著忐忑不安的心情，準備搭乘近十二小時的夜車，前往阿爾巴尼亞的首都地拉那（Tirana）。

原本煩惱著屆時沒有網路的情況下，該如何從巴士總站移動到青旅，沒想到鄰座的阿爾巴尼亞奶奶，居然主動問了我住宿的地方在哪，並在看了我的離線地圖後表示：沒問題，我帶你搭公車吧！跟著我。而只會說一點點英文的奶奶，和完全不會說阿爾巴尼亞語的我，全程以肢體語言溝通。

凌晨一點，長途巴士抵達邊境，乘客們一一拿著證件下車備查。果然還是被攔了下來，阿爾巴尼亞海關詢問簽證在何處時，還好早有萬全準備的我，立刻出示了台灣可免簽入境阿爾巴尼亞的說明網頁截圖，於是三秒後就被順利放行了。

返回客運後，全車的阿爾巴尼亞乘客居然歡天喜地地為我歡呼鼓掌！

抵達地拉那客運總站後，必須轉乘公車前往市區，我向奶奶表示，我手邊沒有阿爾巴尼亞幣可買票，得先去提款機領錢。奶奶先是搖動頭部與雙手，接著以一手食指比向自己，再對著我比出ＯＫ的手勢。售票員走到我們面前時，奶奶便掏出八十列克（Lek）買了兩張票，並把其中一張遞給了我。

在阿爾巴尼亞的旅程還沒開始，我就已經深深愛上阿爾巴尼亞人了。

在阿爾巴尼亞剪頭髮成就解鎖

旅行邁入了第十個月，終於下定決心解鎖另一項成就——在國外剪頭髮。

待在地拉那的最後一個下午，隨性走進了一間髮型工作室，有點緊張地推開門後，發現所有店員都眼睛發亮地直盯著我看。

「請……請問，我想剪頭髮，可以嗎？」眾目睽睽之下連話都說不清楚的我，支支吾吾地問了店員們。

「沒問題，你只要剪頭髮嗎？想怎麼剪呢？需要染髮、燙髮或接髮嗎？」櫃檯人員殷切地招呼我。

「不用，請幫我剪頭髮就好，希望劉海可以短一點。」

「沒問題，這裡請坐。」於是，約莫有七、八位設計師和助理，笑吟吟地圍在身邊觀察我，還有人拿起手機開始錄影，這是人生中第一次被當成世界巨星般擁戴。但事實證明，我果然還是不太習慣歐洲的髮型風格呀……

設計師流暢地處理完我的劉海並修整髮尾後，我到櫃檯拿出錢包準備結帳。

「不用不用，這是給你的禮物。」設計師瀟灑地對我說，而全體店員依舊保持著興味盎然的笑容，望向我點點頭。

原本想拜託他幫我把參差不齊的劉海再修剪一下的我，硬是把那句話給吞了回去。

「Faleminderit!」向設計師說出了阿爾巴尼亞語的「謝謝」後，我與髮型工作室的大家留下了一張俏皮的自拍照做為紀念。

好吧，劉海會長長，而回憶會留下。

CHAPTER 7

追尋的是
執著的自己

印加帝國第九位國王帕查庫特克，於一四三八至一四七二年間建造了馬丘比丘，直到一五三二年西班牙入侵祕魯時被廢棄。一九一一年，在美國歷史學家海勒姆·賓厄姆三世的發現下，為世人揭開馬丘比丘的神秘面紗。

無畏做夢，拚盡全力的活著

繞了地球兩圈

早在一年半前就期待已久、自以為規劃得萬無一失的馬丘比丘之旅，卻在去年底無疾而終。我在二〇二二年十二月二十日飛抵祕魯首都，不料適逢祕魯政變，原本還想在利馬多待幾天，觀望情勢伺機而動，但在聽聞庫斯科機場關閉，數百名旅客被困在熱水鎮後，彼時才剛上路不久的我便卻步了。

在每日爆炸的新聞資訊量襲擊的巨大壓力下，當時只好含淚放棄重要的夢想之一——馬丘比丘，繞了一大圈往南，先前往智利，再改往東北方陸路入境玻利維亞，解鎖另一個打卡聖地——烏尤尼天空之鏡，稍稍彌補缺憾後，再搭巴士南進阿根廷。

在那之後，認分地加入了三個祕魯旅遊的相關社團，每天不斷關注最新消息。隨著局勢逐漸穩定，我的足跡卻也離祕魯越來越遠，一路往歐洲去了。

雖然繼續旅行了大半年，也看過了許多大山大水，但我的心卻一直繫著印加帝國，特別是即將結束巴爾幹半島的冒險，必須決定下一步該往哪走時，每晚入睡前不斷地問自己，如果這次去不成，我何時才能再回來？我是否就這樣一輩子抱著遺憾了？

於是就在兩個月前，儘管極度不順路，並且往返必須多花N萬台幣，我仍牙一咬下定決心，刷下飛回美洲的機票，然後更是心一橫的連同車票、住宿、景點門票也瞬間訂好，不給自己再多猶豫反悔的機會。

畢竟這是我的人生啊，儘管荒誕，也就只活這麼一次了呀。

等了另一個三百天，繞了地球兩圈，走過了三十三個國家，踏遍了七座大陸；

馬丘比丘，終於、終於，即將與你相會了。

歡迎回家

再次投奔心愛的南美洲懷抱，本次二訪祕魯，我直接飛進了阿雷基帕（Arequipa），這座僅次於首都利馬的第二大城。整座古城的建築皆於西班牙殖民時期以白色火山岩所打造，故有「白城」（La Ciudad Blanca）之稱。阿雷基帕本身海拔有二三八〇公尺，周圍被八十多座火山所圍繞，在城市中輕易地就能望見最著名的埃爾米斯蒂（El Misti），它是座海拔近六千公尺的活火山，我不禁想像灰濛濛而安靜沉穩的它，四十年前山頂覆蓋的不是皚皚白雪，而是炙熱爆裂的洶湧岩漿的模樣。

原以為回到祕魯，最令我想念的會是人們溫和友善但略帶靦腆的笑顏，抑或是終於多少能夠參與對話的和緩語速與清晰口音。

為了前往新城區申辦網卡，我在遊客中心職員的指引下，跳上了車門永遠不會關閉、車內擁擠又悶熱、沒抓好把手隨時會被甩出去的共乘小巴。負責一面收錢一面沿路喊著靠站站名的車掌，見我連站都站不穩，便在滿員公車上熱心地為我騰出了一個位子，並招呼我前去坐下。直到此刻我才恍然大悟，在這片混亂之中莫名湧現的安心感，原來才是我最熟悉又懷念的。

「歡迎回到祕魯！歡迎回家！」耳畔彷彿傳來了Blanca與修女奶奶們的聲音。

在庫斯科吃天竺鼠成就解鎖

透過學姊的引薦，認識了一位也正在獨旅的神人Fiona，人面極廣的她隨後介紹了在阿雷基帕旅居一個月的數位游牧者Ching。然而，和Ching的第一次見面，她居然就對我提出了一項驚世駭俗的挑戰。

「我雖然知道那道料理在庫斯科最有名，但既然你現在也在阿雷基帕，那麼要不要一起去嘗嘗看？」

公元前五〇〇〇年，居住在南美洲安地斯山脈高原地區（即現今的厄瓜多、祕魯與玻利維亞一帶）的原住民部落，便有著飼養並馴化天竺鼠做為食物來源的生活模式，烹調方式以燒烤與油炸為主。早在行前就做足心理建設的我，蒐集了以下的實用（食用）心得：

「還好當時有青旅的室友陪我一起，如果只有一個人，我絕對做不到。」

「其實天竺鼠的口感和雞肉很像，但前提是我得閉著眼睛吃。」

「天竺鼠嘛……我覺得嘗起來有股溼抹布的味道，相當可怕。但我覺得好不好吃倒是其次，主要是心理上過不去。」

原先想著就這樣放棄也罷，殊不知今日命定似地殺出了Ching與我一起壯膽，看來是無法逃避了呢！我們兩人於是怯生生地走進了一家餐館，故作鎮定地向服務生點了烤天竺鼠。「因為天竺鼠要現烤，所以必須稍等片刻喔。」當服務生回以燦爛到令我們無法直視的笑容時，我一度後悔萬分，差點起身奪門而出。

經過了漫長的煎熬等待，我們的主餐終於上桌了。在心理上過不去之前，我的視覺已率先遭受了衝擊……天竺鼠居然是整隻上菜的嗎?!

經由主廚精心處理過的天竺鼠，內臟已被掏空洗淨，對半剖開，整隻採趴姿完整地呈現在盤子上，外型頗像飛鼠，也像是迷你的烤乳豬。整頓晚餐下來，我全程避開牠的頭部進食，良心不安，不敢望進牠的雙眼。至於口感正如前輩們所言，偏嫩和雞肉相似，雖然店家在調味上掌握得很好，綜合了許多香料下去燒烤，但不知是不是心理因素作祟，仍覺得有股野味在口中久久不散。

用盡全力忽略腦中揮之不去的天竺鼠車車卡通畫面，食不知味的我在和Ching的通力合作下，秉持著不浪費的精神，心懷感激地把眼前這盤表皮烤得焦黃的料理給解決了。

完成了這項壯舉，Ching決定帶我到Yanahuara觀景台，遠眺埃爾米斯蒂火山的美麗夕景壓壓驚。我常說世界很大，還有好多值得去探索的事物，不需要執著於同一個地方，但阿雷基帕或許是例外吧！（至於烤天竺鼠倒是一生嘗試一次就夠了。）

印加帝國的搖籃——庫斯科

神話傳說之初，文明誕生之始，孕育印加帝國的搖籃——庫斯科（Cuzco），我從阿雷基帕出發，搭了近十小時的夜車，終於來到此地。

位於祕魯東南方，被安地斯山脈環繞的庫斯科，是座海拔三四〇〇公尺的高原城市。據傳說，印加帝國的開國君主——曼科·卡帕克（Manqu Qhapaq）受其父太陽神印提（Inti）之令，與既是姊妹亦為妻子的瑪瑪·奧克略·瓦科（Mama Ocllo Huaco）從天界降至凡間，於西元一二〇〇年，率領第一批印加部落，從的的喀喀湖（Lago Titicaca）一路往西遷徙，最後在祕魯的庫斯科建立王國。

庫斯科在當時做為印加帝國的首都，同時也是印加文明的農業、商業與宗教中心。在歷任國王的治理下，印加帝國逐漸強盛，同時積極對外擴張版圖，直到一四三八年帕查庫特克（Pachacútec）國王上任後，印加帝國的國勢達到顛峰。帕查庫特克在位期間，不僅在首都庫斯科大幅進行重建工程、修訂諸多法律，並積極地調解各部落之間的衝突，也因善於體察民情而深受人民愛戴。

可惜的是，不久後，由於後代統治者的繼位之爭，印加帝國出現了內戰，狠狠削弱了軍事資源，爆發的瘟疫更使得人口大量耗損，因而讓西班牙征服者法蘭西斯科・皮薩羅（Francisco Pizarro）有了可乘之機。一五三二年，皮薩羅和他僅一百六十八人的小軍團從巴拿馬南下抵達祕魯，在卡哈馬卡（Cajamarca）戰役中，身穿盔甲、手持鐵劍槍砲的西班牙騎兵，擊敗了七千名身披毛皮、手持獸骨石器的印加大軍，同時俘虜並處決了當時的印加國王阿塔瓦爾帕（Atahualpa）。

一五三三年，征服了印加帝國後，皮薩羅扶植了阿塔瓦爾帕的兄弟曼科．印卡．尤潘基（Manco Inca Yupanqui）做為傀儡國王，但曼科．印卡．尤潘基竭力反抗西班牙人，甚至還曾一度奪回了庫斯科。其後，他退至比爾卡班巴（Vilcabamba）重整旗鼓，在那建立起新的印加帝國，但最終仍遭西班牙人攻克。

一五七二年，偉大的印加帝國隕落，比爾卡班巴也成了印加帝國最後的王朝。

我試著從太陽神殿（Coricancha）破碎的印加城牆遺址中，拼湊出過往印加帝國的榮景，然而思緒卻被一名女孩的詢問聲給中斷。

「請問你可以幫我拍張照嗎？」

她是來自利馬的Brigitte，趁著工作間的難得休假，從首都飛來庫斯科，而她和我一樣，也是第一次造訪這座印加古城。她隨後帶著我往無數祕徑鑽去，與各國網紅一起等在長長的隊伍中，為了解鎖ＩＧ上現正熱門的一個又一個的打卡勝地。

總算從人群中脫身了，走回主廣場後，又被來勢洶洶沿街兜售商品的小販給淹沒，過度黏膩的觀光感讓我快要窒息，直到夜晚降臨，我躲到廣場台階上的一角，氣溫驟降後的冷風吹散了我的焦躁，望著不遠處山坡上的點點燈火，心情才稍稍安定了下來。

印加聖谷的寂寥日落

印加聖谷（Valle Sagrado）指的是安地斯山脈中烏魯班巴河（Río Urubamba）河谷一帶，由於自然水源豐富、土地肥沃、非常適合耕作，聖谷便成為了印加帝國的農業中心，並漸漸發展成經濟、宗教與政治的重要據點，可說是印加帝國的心臟。

而其中的一座重要遺址皮薩克（Písac），據考古學家推算是由帕查庫特克國王於一四三八至一四七一年間所打造，此處除了建有城堡外，地勢較低處規劃了住宅區，背風面則有一整片面積廣闊的梯田，以及約莫二十座的防禦性碉堡，另外還有以太陽神殿為主的許多宗教場所，天文台的設立也顯示了當時印加人已具備相當豐富的天文知識。

此外，非常特別的一點是，皮薩克擁有印加帝國最大的岩壁墓地，遺址後方的懸崖邊可見數量非常多大小不一的洞穴，每個洞穴即為一座座印加古墓的所在地，但在考古學家還沒來得及探勘前，盜墓者早就搶先將此處洗劫一空。從墓穴洞窟的位置與精緻程度，足以判斷死者的地位，皇室與貴族會被埋葬於高處，而在下葬前也會穿戴精緻的服飾與各種首飾，黃金打造的雕刻物或陶瓷容器等陪葬品也很常見。由於印加人相信在死亡後，靈魂需要經過一段漫長的旅途才能獲得重生，因此這些物品便是為死者所準備。

抵達皮薩克已是傍晚時分，原高海拔的強烈日照於此刻已轉化為柔和的光芒，明月闃然寂靜地自另一頭升起，環繞山頂的漫捲浮雲染上了幽微的紫紅。曾是世界上最偉大的印加帝國，在西班牙人的征服與破壞下，如今只剩眼前的斷垣殘壁，我佇立於這片荒涼景象之中，此時無預警地颳起了一陣強風，由於太陽已隱沒於山谷間，便也失了熱度，不知是否因旅客漸漸散去之故，四周漸變悄然無聲，甚至有些寂寥冷清。

我一路上所追尋的，是執著於馬丘比丘的自己

一九一一年，翻越了崇山峻嶺與危崖峭壁，沿著奔流湍急的烏魯班巴河，往更為原始繁茂的雨林裡深入。當終年被雲霧繚繞的馬丘比丘（Machu Picchu）躍現於眼前的那一刻，美國歷史學家海勒姆．賓厄姆三世（Hiram Bingham III）懷抱著的是怎麼樣的心情？

一四三八至一四七二年間，由印加帝國第九位國王帕查庫特克於祕魯東南方山脈建

造的馬丘比丘，在當時做為印加貴族們的度假莊園，直到一五三二年西班牙入侵祕魯時才被廢棄。這座海勒姆·賓厄姆三世筆下的「Lost City of the Incas」（失落的印加城市），曾被他誤以為是遺世獨立的比爾卡班巴，也就是印加帝國在西班牙征服祕魯時期最後的避難所和反抗據點。

在從熱水鎮開往馬丘比丘入口的公車上，我對鄰座來自西班牙的獨行女士深感愧疚，她熱絡向我分享的旅行經歷與心路歷程，我其實沒有辦法真正地聽進去，當下整個人飄飄然，腦袋像是被蒙上一層霧，又像是重感冒過後的隔日清晨般，思緒紛亂。

僅僅過了一百多年，我們便再也毋須跋山涉水，就能不費吹灰之力地揭開馬丘比丘的神祕面紗；我們也不必成為知識淵博的考古學教授，或是擁有強健體魄的冒險家，只需購買幾張機票、火車票與巴士票（端看個人體能狀態而定），任何人都能待在舒適的車廂內被運送到目的地，輕而易舉一睹其壯麗風采。

我對這一切感到惴惴不安，面對這名列新世界七大奇蹟的偉大遺跡，我應該要抱持著更為虔敬的心情，或許該效仿諸多朝聖者那樣，走上四天三夜的「印加古道」（Camino Inca）才是。不知為何，突然有股聲音從遠方天際劃破了厚重雲層，清晰地閃現在我腦海，那是在加拉巴哥群島結識的一位德國記者，在結束了一整天令人精疲力竭的船潛後，對我所說的話，「每個人想如何體驗人生的方式不盡相同，因此無從比較也毋須去評斷。畢竟這並不是一場跟其他人的競賽，這可是你自己的人生呀！就盡情享受每一刻吧！」

然而在科技的進步與交通的便利下，無論是險峻的高山、酷寒的極地、荒蕪的沙漠，甚或是危機四伏的叢林，原先在地圖上呈現一片黑暗的神祕地帶，如今都已在世人面前昭然若揭。試問現今地球上還有哪一個角落，尚未被人類探索？

原先籠罩在我心中的這另一項疑慮，就在我親眼望見那呈現P字型的「太陽神殿」

（Templo del Sol）後煙消雲散。太陽神是印加人信仰中最重要的神祇，是溫暖和光明之源，帶給大地生機，更是人類的保護者，因此在每座城市裡都會建有一座「太陽神殿」。馬丘比丘太陽神殿中央的兩個窗口，在每年的冬至與夏至，黎明的第一道曙光，會分別從其中一扇窗直射進神殿中，照亮祭壇中央的石塊。究竟擁有何等高明的天文造詣，足以讓印加人在六百年前就有如此精巧且新穎的建築設計？

而每年的六月二十一日，也就是南半球的冬至，是全年中日照最短的日子。古印加人害怕在這天結束之後，太陽便再也不會升起，於是就有了「拴日石」（Intihuatana）的發明，希望能藉此牢牢拴住太陽。而印加人又是擁有何等堅定不移的信仰，足以讓每年在庫斯科舉辦的「太陽祭」（Inti Raymi）得以延續至今？

歷史上諸多偉大文明的遺跡或許已被一一挖掘而出，但古人那深不可測的智慧與奧祕難解的信仰和哲學觀，所創造而出的謎團仍懸而未決。我這個重度成癮的玩家，終於可以不用擔心遊戲終章的到來，世界上仍有無限的未知等待我去一一破關，而我探索的腳步也將永不停歇。

像是渴望將馬丘比丘的每一個角度都深深烙印在記憶中一樣，我以極其緩慢的步調走過了三窗神廟、主神廟與水鏡，並在禿鷹神廟前駐足良久仔細端詳，才終於看出左右各一塊斜切大石分別做為禿鷹翅膀，第三塊石頭位於地面，雕刻成頭部與喙的形狀，以3D立體方式拼湊成著名的安地斯禿鷹形象。並想像牠在印加神話中，做為溝通塵世與天堂世界的媒介，忙碌地在此間穿梭，並展翅翱翔的模樣。

抵達了參觀路線的終點，我披上了在山腳下衝動購入代表庫斯科市旗的彩虹披肩，站在足以俯瞰馬丘比丘「明信片角度」的觀景台上，望著已在我腦海中演練過數千回這動人心魄的場景，心中卻意外地感到前所未有的平靜。

等了另一個三百天，繞了地球兩圈，走過了三十三個國家，踏遍了七座大陸；
馬丘比丘，終於、終於，與你相會了。

我終於明白，

我所憧憬的不只是馬丘比丘，

更是一路追尋馬丘比丘的自己。

謝謝你，瓦納比丘；謝謝你，永不放棄的自己

早在一年半前，前輩小雞就耳提面命，除了馬丘比丘，無論如何都要再翻到後面那座山頭——瓦納比丘（Huayna Picchu），那裡可以有更棒的角度俯瞰馬丘比丘全景。

然而悲劇之一是，上網查詢瓦納比丘的相關資料，獲得所有人一致的感想就是——累；悲劇之二是，原本可以一票玩到底且多次進出的瓦納比丘，在二〇二〇年後，被官方更改為五條路線，並且出園後就不能再次進入，而每條路線也都無法涵蓋全區景點，若要一網打盡，勢必得買至少兩張票。

都費盡千辛萬苦爬回來這裡了，當然拚了命也要把自己扛上去，其實非常慶幸在瓦納比丘時雲霧彌漫且飄雨微冷，才爬沒幾步就已經熱到將外套塞進包包裡了。由於能夠按照自己的步調慢慢走，因此說累倒也還好，只是這個階差對短腿族的我來說也太不友善了吧！率先抗議的居然不是我的心肺而是大腿。

正一步步往上往前邁進時……我的天氣被動技能怎麼又不小心發動了呢？狡猾的雲霧不知何時開始密謀醞釀，此刻已不懷好意地在我腳邊緩緩聚攏，那壯麗山景為何在我眼前越來越曚矓？這種討厭卻又熟悉的感覺……

不會又來了吧?!

好喔，我不管是去北海道函館山、岐阜新穗高、長崎稻佐山、鹿兒島櫻島火山或斯洛維尼亞波茵湖（Bohinjsko Jezero），其實不都白茫茫一片，全長得一樣嘛，什麼大風大浪、雲霧白牆沒見過？來吧，都來吧！

約莫過了一個半小時，成功登上了伸手不見五指的山頂，先前看了網路上的遊記，說是十點過後通常就會雲開霧散，看了下手機正好剛過十點，那就再等等吧。

沒想到這一等就是一個小時。

且沒料到瓦納比丘的天氣變化令人猝不及防，今天只穿了件短袖上衣和風雨外套，在淒風苦雨中瑟瑟發抖的我數度想放棄，此時南極室友Jane曾說過的話，在我耳畔回響：

Traveling taught me four things, which are: Be Kind. Be Patient. Be Flexible. And have no expectations.

已經非常彈性地繞了地球兩圈的我，於是坐在某塊大石頭上耐心等待，對著這整人般的雲霧依然抱持著良善之心，並且對天氣轉好不抱任何期待地開始發呆。

默默地又過了一小時後，眾人一陣驚呼，原來是太陽奮力地從濃密雲層中掙脫了出來，水氣在頃刻間蒸發殆盡，像施了魔法般，壯觀的馬丘比丘在眼前逐漸清晰。全場唯一同我等了一樣久的祕魯朋友Dante，幫我拍下了好多張照片。

去年年底沒能成功登頂，或許是瓦納比丘給我的課題，要我在這一年間學習並成長吧。

學習耐心，保持彈性，不期不待，並對這世界永遠抱持良善。

謝謝你，瓦納比丘。

謝謝你，永不放棄的自己。

人生最高峰——五二〇〇公尺彩虹山

二訪祕魯，終於順利地完成攀登馬丘比丘的夢想，從熱水鎮搭乘國鐵返回庫斯科後，激盪的心情還未平復前，馬上就要解鎖另一項更艱鉅的挑戰——人生最高峰——五二〇〇公尺的彩虹山（Vinicunca）。

由於地勢相當高，幾乎每家位於庫斯科的青旅或旅館，都會提供古柯葉讓住客泡茶飲用，以減緩高山症所帶來的頭痛、呼吸困難或噁心反胃等不適。回憶剛抵達墨西哥城與阿塔卡馬沙漠，半夜平躺時胸口像是被大石重壓而喘不過氣的感覺，讓我完全不敢忽視高山症的危險性。今日我在天還未亮時就已起床，吞下了半顆預防高山症的藥丸後，再到大廳加碼了兩杯古柯茶，並將前幾天在街上買的古柯糖放入後背包裡，萬事俱備，蓄勢待發！

忘記行前是哪位前輩給予平素運動量為零的我一項良心建議，「反正你終究還是得騎馬的，為何不一開始就騎？」於是我一到登山口，便毫無志氣地向一字排開的馬伕們詢價，隨後不假思索地跳上了馬背，往海拔五二〇〇公尺的山頂處前進。

十分慶幸自己做了這項明智的決定，儘管最後一段路因地勢過於陡峭不能再騎馬上山，所有人都必須徒步攀頂，但由於已被馬匹搭載了好長一段路，讓我得以臉不紅氣不喘地，搶在眾多登山客登頂前，獨享眼前這不可思議的夢幻奇景。

解鎖人生最高峰——五二〇〇公尺彩虹山。

由於板塊運動造成的碰撞與擠壓，使得原先隱沒於下的地殼被推擠上升，再加上大量的火山噴發，形成了典型的丹霞地貌，過去在地球內部因高溫而生成並沉積的各種礦物質，便以多樣的色彩呈現在世人面前，透過經年累月的雪水與雨水侵蝕和風化作用，便有了今日彩虹山的絢麗樣貌。

富含氧化鐵的土壤呈現了豔麗的紅，芥末黃則是硫礦物的色澤，鐵鎂礦物為彩虹山帶來了碧綠，至於白色則是砂石富含碳酸鈣所導致。非常幸運今日居然得到了相當晴朗的天氣，高海拔的天空清澈且蔚藍無比，搭配著幾朵小巧可愛的浮雲，後方是白雪皚皚、綿延不絕的山脈，眼前則是氣勢萬鈞、繽紛斑斕的彩虹山。

真不愧為被《國家地理雜誌》選為死前必訪的一百處地點之一，我這趟祕魯之旅著實了無遺憾了。

CHAPTER 8

自我延長賽

登上Patkuli觀景台俯瞰整座塔林古城。

◆ **愛沙尼亞**

夢想讓我在世界點燈

環遊世界延長戰

做為我拉丁美洲第一個探險國家的墨西哥，是早在公元前二〇〇〇年便已誕生的馬雅文明重鎮，我仍記得在十個月前，解鎖我人生中第一座世界新七大奇蹟——奇琴伊察時的震撼，以及和叢億歷經了無數波折，拚了命地也要衝烏斯馬爾遺跡的義無反顧，還有和祐德親眼見到位於加勒比海岸的圖盧姆遺址的感動。

原先不在計畫之內的中美洲之旅，就在上個月當機立斷折回祕魯後，意外地卡進了我的行程之中，也因如此，我才得以造訪瓜地馬拉的提卡爾（Tikal），圓滿成就了馬雅遺跡四部曲的最終回，完成了這幅壯闊的古文明拼圖。

探索馬雅文明，正是我這趟世界旅行的朝聖起點。

而今日，也正是我世界旅行的第三百六十五天。

回顧起這趟旅程中發生過的種種，先前會被我稱之為意外或不順遂的事件，如今對我而言都成了命定般的奇蹟，正是這些奇蹟引導我在踏遍七大洲之後，於世界旅行滿一週年的今日，來到了提卡爾遺跡的面前。當我以為來到了盡頭，卻發現自己返回了初始之處。或許世上所有的一切，在迎來終點的同時，也是另一個嶄新的開始……

然而，獨旅環遊世界一年的夢想達成了，那麼，下一步呢？

此刻的我，就如同清晨時分似睡非睡，身體仍飄浮在雲端，意識還不願從美夢中回到現實，整個大腦呈現暈陶陶的狀態；卻也十分矛盾地，擔憂若午夜十二點的鐘聲一響，環繞周身的魔法效力一褪去，發現這一年來美好而夢幻的經歷歸於泡影，我終究得回歸平凡而索然無味的人生（而那正是我一年前極力想逃開的），那又該如何是好呢？

一九八九年，是近代全球政治板塊急遽變動的一年，捍衛民主與追求自由的呼聲撼動了過去堅不可摧的獨裁政體。一九八九年六月四日，北京天安門事變爆發；一九八九年八月二十三日，波羅的海三國人民串連起「波羅的海之路」；一九八九年十一月九日，柏林圍牆倒塌。這一連串骨牌效應般的民主化浪潮銳不可擋，世界各地的共產政權一一被推翻，最終導致蘇聯於一九九一年解體，包含愛沙尼亞、拉脫維亞與立陶宛等多個東歐與中歐國家隨後紛紛宣布獨立。

而一九八九年，也正是我出生的那一年。

我相當於與整個西方社會、與這些新興獨立國家共同成長，或許正因如此，也或許因為台灣追求自由民主的歷程也同樣艱辛，我時常覺得自己連同整個台灣的命運，與中東歐這片土地有著深刻的羈絆，雖然過去幾年也曾前往了德國、捷克與匈牙利，但往後或許再沒有比此刻更完美的時機，能夠親身造訪那些幾乎與我同齡的東歐國家。

於是，在世界旅行期滿一年的十月初，正式告別了中南美洲，預期之外地展開了延長賽，將波羅的海三國、波蘭、羅馬尼亞與保加利亞塞進我的口袋名單。我的內在有一股近乎使命感的驅動力，在一路往東、往家的方向飛去之前，感覺自己必須甚至有義務，與這片土地展開深刻的對話。

從漢薩同盟至波羅的海之路

從最北邊的愛沙尼亞做為起始，其首都塔林（Tallinn）是我目前見過極具現代化、同時又能將傳統建築與文化保存完好、在兩者間取得完美平衡的城市。

在塔林的這幾日，除了免費城市步行導覽中給了現金做為小費外，錢包再沒有掏出來過，無論是大眾運輸購票、超市購物、餐廳用餐、購買紀念品，甚至連路邊的堅果或熱茶小攤，皆提供電子支付，而住宿與搭乘渡輪也都是全自助式check-in。那天清晨天未亮時，和從台灣飛來塔林同遊的小君，步行至港口準備搭船前往芬蘭赫爾辛基（Helsinki）的路上，甚至還碰上好幾台送餐機器人。而走出位於新城區的旅店，步行不到十分鐘的距離，就能抵達維魯門（Viru Gate），這是塔林唯二保存至今的古城門，踏進城門的那刻，宛如穿越時空般回到了中世紀。

穿梭在古城牆間，漫步於石板路上，耳邊傳來的是魯特琴與風笛樂音，眼前是華美的哥德式教堂與色彩明豔的中世紀商會縱橫交錯，登上聖尼古拉教堂塔頂俯瞰整座塔林古城，一整片赭紅色屋瓦像極了童話或動漫世界場景，古城的一側是葉子已轉為閃耀亮金色的大片森林，另一端則是承載了許多傳說、歷史與無數則冒險故事的波羅的海。

塔林自中世紀開始，便為北歐諸國與德國貿易的重要據點，於一二八五年加入了漢薩同盟（Hanseatic League），其為十二至十三世紀時，中歐的神聖羅馬帝國與條頓騎士團諸城市間所形成的商業與政治聯盟。由於經濟發展快速，城鎮活動跟著興盛起來，許多教堂、商會與建築便於當時紛紛興建並保留至今。對探索這座擁有悠久歷史的古城意猶未盡的我們，迫不及待報名了Susu學姊強力推薦的免費城市步行導覽Tales of Reval。到了遊客中心集合點後，迎接我們的居然是一名戴著兜帽、身著紅色斗篷、腳踩棕色尖頭皮靴的導覽員，讓我不禁開始懷疑自己該不會是來到了異世界。

「好的，相信各位都沒有時空旅行的經驗吧！那麼此刻就讓我們一起來試試。請各位閉上眼睛，用盡所有的想像力，在你們的腦海中構築畫面。現在時光倒流，回到十三世紀前，我們身處的這座城鎮，是一整片蠻荒的森林，森林裡居住著的是後來才到來的丹麥人口中所謂的『異教徒』——原愛沙尼亞人。」

「丹麥人發現了這片未經開墾的土地，於是派了一百五十艘船，滿載了五千名士兵，漂洋過海而來，於一二一九年正式征服愛沙尼亞，將其納入丹麥王國版圖。」

「你們知道當時丹麥人是如何以不流血的方式，讓原本為多神教信仰的愛沙尼亞人改信基督教的嗎？答案就是……啤酒！」

十三世紀芬蘭王國初占領Reval（塔林古名）時，為了找尋安全的水源，可謂費盡心思，在城鎮中心總算是鑿出了一口井，然而那水質實在不敢恭維。其後，一群修士們集思廣益，終於發明了一種能製造出安全「飲用水」的方法——既然那水超難喝，那我們就用它來釀成啤酒吧！於是傳說中好喝到不行的修道院自釀啤酒就此誕生，為了推廣這項產品，教會每個週末還會提供免費暢飲，許多愛沙尼亞當地居民便被吸引至此。然而讓教會意想不到的是，這啤酒的附加價值超高，因為每週一邊享用啤酒、一邊聽修士們講道，進而轉信基督教的愛沙尼亞人越來越多了！

導覽員帶著眾人繼續在老城區內前行，隨後在黑頭兄弟會（Brotherhood of Blackheads）門口停下，「雖然離耶誕節還有兩個多月的時間，不過你們知道，世界上第一棵耶誕樹，就是由塔林人所發明的嗎？」

十四世紀成立的黑頭兄弟會，是由常年住在此地的外國商人所組成，據說當年他們初來乍到，為了與當地愛沙尼亞人破冰，於是在第一年的耶誕節舉辦了場耶誕派對，甚至為了吸引群眾，還特地從森林裡砍了棵超大的樹，奮力拖到市區擺在廣場中央。殊不知在那冷得要死、日照時間又只有四小時的冬天，塔林人們根本懶得出門。

隔年，兄弟會成員再接再厲，這次額外提供了免費食物與無限量暢飲的美酒，終於成功把居民們引出室外。玩到通宵的大家喝得爛醉如泥，居然一時興起放了把火把參天巨樹給燒了。想不到在熊熊火光中的大樹格外耀眼奪目，這幅攝人心魄的景象，不知為何就成為了每年耶誕節的壓軸節目。

這項傳統延續到了第六年，這次除了樹以外，徹夜狂歡的群眾一個失手，連旁邊的房子也一併燒掉，憤怒不已的上城區貴族於是訂立了一項從此不准燒樹的法律。然而創意無限的居民祭出了這樣的對策，他們製作了許多小燈籠，裡面放置有一盞盞的蠟燭，隨後將燈籠掛在樹上做為裝飾。於是，一四四一年，全世界第一座耶誕樹就此誕生。

導覽員隨後也介紹了，傳統的Reval社會中分為貴族、神職人員與平民三個階層。Reval於十三世紀末加入了漢薩同盟，自此不但經濟發展快速起飛，就連社會結構也跟著改變；自十四世紀起，Reval與周遭城市的貿易活動興盛，漸漸出現了許多富可敵國的商人——也就是第四個階層。這些商人們發現，若他們通力合作、互通有無，小蝦米也可對抗大鯨魚，於是各個以工藝與貿易為主的商會（Guild）便紛紛創立。

「也是這個時候，人們逐漸相信，一個人的價值評斷，並不在於出身貴賤，而是在於自己能為這個社會貢獻多少。這樣的信念深深根植於全體愛沙尼亞人心中，正因如此，愛沙尼亞才能成為一個越來越美好的國度。」

✦ 拉脫維亞

Do you hear the people sing?

波羅的海之路與拉脫維亞歌唱革命

雖然和愛沙尼亞緊緊相鄰，但拉脫維亞的首都里加（Riga），卻和縈繞浪漫童話感的塔林，有著截然不同的色調與氛圍，整體略帶冷寂、陰鬱、蒼涼與些許的頹廢感，斑駁的城牆上繪滿了主張各種宣言的塗鴉，莊嚴而優雅的哥德式教堂旁，緊挨著蘇維埃時期單調乏味的集體式住宅，在中世紀時期建立的華麗商會對街，則可見到獨立後的三十年間豎立起的一整排新大樓。里加就是個如此多元、甚至混亂的迷人城市。

音樂在拉脫維亞人心中占了非常重要的地位，從我待在里加短短五天裡，就跑了三次民謠音樂餐廳與live house中獲得印證，而這一切得從一八七三年舉辦的第一屆拉脫維亞歌舞節（Latvian Song and Dance Festival）說起。原只是單純以歌唱與舞蹈為主題的慶典，卻逐漸凝聚起了眾人，成為了拉脫維亞全國五年一度最重要的盛事；然而在蘇聯占領時期，歌曲的內容卻遭嚴格「審查」，甚至只能表演宣揚蘇聯政績的相關歌曲，但拉脫維亞人民用盡各種方法，將捍衛自由的理想埋藏於詞句中，帶上舞台，高聲歌頌。

「如果沒有這些傳統民謠歌曲流傳下來，或許也就不會有今天的拉脫維亞了。」免費城市步行導覽的導覽員Harry，站在克里沙尼．巴隆斯（Krišj nis Barons）的雕像旁如此說道，被譽為「拉脫維亞民歌之父」的克里沙尼．巴隆斯，於一八九四年至一九一五年間，共收集整理了二十多萬首民歌，並編入了《民歌檔案櫃》中。

「音樂的力量真的很強大，它可以跨越語言隔閡，僅僅透過旋律與蘊藏在音符之中的情感，將信念傳達至每個人心中。如果沒有這些民歌，就不會有今日的波羅的海三國，這便是我們所自豪的『歌唱革命』。」

「你們都有聽過『波羅的海之路』（Baltic way）嗎？那是我們波羅的海三國非常重要的自由象徵，也可說是我們近代史最關鍵的轉捩點。

一九三九年八月二十三日，蘇聯和納粹德國祕密簽訂了《蘇德互不侵犯條約》，波羅的海三國先後被這兩方非法武力占領，然而蘇聯卻宣稱波羅的海三國是自願加盟，極力否認其侵占吞併行動。籠罩在蘇聯鐵幕之下的波羅的海三國，數十年來皆在恐怖政權的陰影下度過，全民被祕密警察監控、財產土地充公，反叛者被極刑拷問、虐殺、遭流放至西伯利亞，蘇聯獨裁政府以各種慘絕人寰的手段控制波羅的海三國人民。

隨著世界局勢的劇烈變動，波羅的海三國奪回主權的意志也日益堅定。《蘇德互不侵犯條約》五十週年，一九八九年八月二十三日，波羅的海三國人民站了出來，發起了近代史上規模最大的一場和平示威，史稱『波羅的海之路』，陣線一路從立陶宛首都維爾紐斯，往北至拉脫維亞首都里加，最後延伸至愛沙尼亞首都塔林，這道橫跨三國的人鏈，象徵著人民抵抗暴政與捍衛自由之心。當日的下午七點，兩百萬名示威者緊緊牽起彼此的手，前後歷時十五分鐘，串連起了這道長達六七五公里的『波羅的海之路』。

試想在一九八九年，也就是三十多年前，那是個網際網路並不普及的古老年代，究竟該如何籌劃跨國行動？除了要動員高達兩百萬人次，更困難的是，若要延續整整六七〇公里不中斷的人鍊，中間區段那些交通不便的荒僻農村，該如何平均地分配人力？

波羅的海之路行動隨即震撼了全球，不但隔日占據了各國各大報的頭版，更透過衛星訊號將新聞畫面播送至世界各個角落，引起了國際社會的高度關注。波羅的海三國終於在一九九〇年宣布獨立，脫離蘇聯政權。一九九一年十二月二十五日，前蘇聯總統戈巴契夫辭職。十二月二十六日，蘇聯正式解體。」

極權或許能毀去人們的雙眼，卻使世人看得更加清晰；暴政或許能封住人們的嘴，卻殲滅不了眾人的信念；極權或許能奪去人們的自由，卻踐踏不了我們的尊嚴；暴政或許能拘禁人們的軀體，卻怎樣也束縛不了強悍的心靈。

自由與民主，從來就不是被視為理所當然的事物，而是無數被千刀萬剮的無懼靈魂，義無反顧地奉獻犧牲，揮灑汗水與曾經熾熱的汩汩鮮血，在一場又一場的戰役中，為後人奮鬥而來。波羅的海三國與台灣，我們雖然都是小國小民，但我們也都是好國好民。

位於維爾紐斯主教堂廣場的一塊赭紅色地磚，上面刻有「STEBUKLAS」字樣，翻譯成英文為「miracle」——奇蹟。一九八九年八月二十三日，「波羅的海之路」的起點，便是這塊奇蹟地磚。

◆ 立陶宛

相信自己總有奇蹟

對岸共和國

城市的幾條主要街道兩旁，懸掛在燈柱上的紀念旗幟隨風飄揚，非常幸運地在立陶宛首都維爾紐斯（Vilnius）建城七百週年時造訪。維爾紐斯首次在歷史文獻中被提及，是在一三二三年立陶宛大公格迪米納斯（Gediminas）與教宗往來的書信上；格迪米納斯上任期間，除了保衛維爾紐斯免於條頓騎士團的侵擾外，更奠基了此城的商業與貿易等經濟基礎，是立陶宛歷史上非常重要的人物之一。

而立陶宛在過去歷經了波蘭、俄羅斯帝國、德國納粹、蘇維埃政權的統治，同樣使得城市各式風格建築星羅棋布，有典型的中世紀磚牆城堡、哥德式天主教教堂、華麗的東正教教堂等，另外受到十六至十七世紀文藝復興的影響，巴洛克風格與新古典主義風格也能輕易地在舊城區見到。

然而最令我印象深刻的，則是位於舊城區，被維爾尼亞河（Vilnia）圍繞的「對岸共和國」（Užupio Respublika）。這一奇特的「國家」，面積僅〇．六平方公里，人口數僅七千人，人口組成大部分為藝術家與文學家，共和國內有許多藝廊、工作坊、手工藝品店與咖啡館，還有人將對岸共和國比喻為維爾紐斯的「蒙馬特」（Montmartre）。

話說回來，可不要小看對岸共和國，她可是有著自己的憲法、國旗、總統、各部會、軍隊及大使呢！一九九八年該區自行宣布獨立建國，並且幽默感十足地訂立國慶日為四月一日。據說每年國慶日當天，共和國廣場中央的噴泉，會二十四小時無限量供應啤酒讓國民免費暢飲。

至於軍隊的規模則有十二人，但在二〇〇四年立陶宛加入北約後旋即宣布解散；然而，僅有七千人口的對岸共和國，卻擁有多達五百位大使，在世界各地發揚共和國的精神與理念。至於對岸共和國最聲名遠播的，便是她的憲法規章了，總計四十一條憲法，總統當時只花兩小時就寫好了。共和國內有道極具國際化的憲法牆，上面張貼了翻譯成數十種語言的憲法，還有繁體中文版本呦！其中我最喜愛的法令有以下四條：

第九條：每個人都有無所事事的權利。

第十條：每個人都有愛和照顧貓的權利。

第十二條：每隻狗有權去做狗。

第十三條：每隻貓沒有義務要愛牠的主人，但必須在需要的時候提供幫助。

看來不只是國民，就連成為對岸共和國的貓咪和狗狗，也都能夠過著相當幸福快樂的日子呢。

十字架山

二戰時期，蘇聯占領立陶宛時期，十字架山遭逢三次被剷平的命運。為了捍衛自身的宗教信仰、傳統價值與身分認同，每當有一座十字架倒下，立陶宛人們便會前來再豎起新的一座，立得更高，扎得更深。

隔日清晨起了個大早，從維爾紐斯搭了四小時的巴士前往希奧利艾（Šiauliai），其後轉乘二十分鐘的公車，於杳無人跡的Domantai下車後再步行三十分鐘，總算抵達了這趟立陶宛之行帶給我最具衝擊與震撼的景點——十字架山（Hill of Crosses）。

整座山丘總計有十萬枚十字架，從最初被放置的第一批十字架至今，已過兩百年。一五六九年立陶宛與波蘭共同成立了波蘭立陶宛聯邦（Polish–Lithuanian Commonwealth），然而在其後的兩百年間屢遭俄羅斯帝國、普魯士王國與奧地利哈布斯堡君主國瓜分。

在第三次遭受瓜分後，立陶宛大公國大部分領土已被俄羅斯帝國所吞併。一八三一年十一月，立陶宛人發動了第一次的反俄起義，但遭到俄軍以優勢軍力擊潰，許多起義者屍體無從尋獲，人們便於此處紛紛立起了十字架緬懷逝者。

一九一八年一戰結束，立陶宛脫離德意志帝國宣布獨立，十字架山遂成為立陶宛獨立戰爭時期，為逝去的親友悼念之地。

一九四四年二戰期間，蘇聯再次占領了立陶宛，不僅剝奪立陶宛人的信仰自由，並強力鎮壓基督徒，在蘇聯長達四十多年的統治期間，十字架山遭逢三次被剷平的命運，木製十字架被大幅焚燬，石製與金屬製十字架也遭報廢。儘管如此，為了捍衛自身的宗教信仰、傳統價值與身分認同，每當有一座十字架倒下，立陶宛人們便會前來再豎起新的一座，立得更高，扎得更深。

一九九三年九月七日，天主教教宗若望・保祿二世（Pope John Paul II）參訪十字架山這座「希望、和平、友愛與犧牲之地」時，在石碑上立下了這段話：Thank you, Lithuanians, for this Hill of Crosses which testifies to the nations of Europe and to the whole world the faith of the people of this land.（感謝你們，立陶宛人，讓這座十字架山向歐洲國家和全世界見證了這塊土地上人民的信仰。）

CHAPTER 9

考驗J型人神經的驚喜

羅馬尼亞錫比烏的耶誕市集。

羅馬尼亞

能夠錯過火車真是太好了呢！

每一次的繞路都有意義，每一場的相遇都是如此美麗

「這趟旅程結束過後，你期許自己會有什麼成長，或能夠對這個社會帶來什麼改變呢？」三個多月前，和Scott學長在紐約市中心的某座小公園裡野餐，他毫無預警地將這個問題拋向我，當下的我並無立即給出答覆；然而隨著旅程邁入尾聲，學長當時的聲音在我腦中越來越清晰，我卻依然無法獲得解答。

有別於旅程最初逃避式地馬不停蹄，不給自己留有片刻喘息與思考的空間，此刻的我反而開始畏懼往前踏出下一步，像是踩在被浪花打濕的沙地般，深怕下一刻雙腳又深

陷泥濘動彈不得；而我更害怕往回折返，萬一曾經留下的腳印已被海潮沖刷殆盡，那又有什麼能夠證明我存在過的痕跡？

於是，整趟羅馬尼亞之旅中，這樣輕浮的不踏實感與深沉的空虛感，猶如鬼魅如影隨形，甚至如同詛咒般，一向以謹慎自豪的我，居然在最後一天錯過了從首都布加勒斯特（Bucharest）開往保加利亞邊境城市魯塞（Ruse）的每日唯一一班火車。

望著空蕩蕩的月台我懊惱萬分，只好趕緊聯絡魯塞民宿老闆說明我今天到不了，一邊傳訊息給布加勒斯特青旅的職員，表示我得再回去住一晚；另一方面準備前往櫃檯重新購買跨國火車票，決定明天要直接殺去保加利亞首都索菲亞（Sofia）。

就在火車站來回奔走之際，突然在自動售票機前看到一張熟悉面孔……

「阿蓁！是你嗎?!」

今年剛考上家醫科專科醫師的阿蓁，做了相當有勇氣的決定，她從醫院離職，並同樣展開了獨自環遊的世界之旅，我們偶然於網路上認識，發現彼此的路線將在羅馬尼亞交會，於是當時約好了在錫比烏（Sibiu）碰面。性格爽朗又率真的阿蓁極好相處，彼此的價值理念又相當契合，因此一起旅行的四天三夜中，每天都暢談到凌晨時分還欲罷不能。從錫比烏分開後，各自前往不同城市，繼續踏上屬於自己的旅程，誰也沒想到就在我錯過火車的這一天……居然在火車站重逢了！

阿蓁的出現就像是羅馬尼亞冬日的暖陽，我立刻衝上前去取暖擁抱，而明明才剛啟程一個月且年紀比我小、嚴格來說應該算是我世界獨旅學妹的她，卻不斷地安慰並鼓勵我，「沒事！人平安就好！還好你只是錯過火車而不是飛機耶！而且幸好你事先買的票不是直接到首都，只是到邊境城市而已，不然損失更大。」

阿蓁如此強大的正向思考瞬間療癒了我，反正今天完全沒別的行程了，我便坐在月台邊陪伴阿蓁等著她前往布拉索夫（Brașov）的列車。忽然間，阿蓁看到我掛在背包上的某個吊飾，「你怎麼會有高士神社的御守？高士神社的姐妹是我的朋友耶！」

「這是『回甘』書店老闆的先生、也是我的學長Scott，出發前送我的，一路保祐我平安到現在。天啊！這個世界未免也太小了！」

世界上沒有偶然，有的只是必然。

或許是從這次的旅程開始，我已不再相信所謂的機運與巧合；因為在生命歷程中，所有與自己擦肩而過的人事物，都是命中注定。

就像是我在今早必定會錯過火車，我與阿蓁勢必會在火車站相會，而阿蓁肯定會發現這枚高士神社的御守，而我也必然會想起Scott學長曾經向我提起的那個問題。我向阿蓁傾訴了我的困惑與不安。

「其實啊，在結束專科考試後徬徨又迷惘的我，正是看到了你在社團上發表的旅遊文章，賦予了我勇氣，讓我下定決心跟隨你的腳步，朝世界出發。卡卡，你可以說就是我獨旅冒險的動力。如果要問你為這世界帶來了什麼樣的改變……」阿蓁真誠地望進我的雙眼。

「就算只有我一人，但你也已經改變了我的人生了呀！」

車站的廣播響起，阿蓁預計搭乘的火車靠站了，我望著她從容離去的背影，欲說出口的話語深怕過於矯情，於是硬生生又吞了回去，僅以微笑揮手代替。

其實這一路來給予我自信與勇氣的，一直都是你呀！

每一次的繞路都有意義，每一次的錯過都是為了能夠再次重逢，而每一次的相遇都是如此美麗。

而我終於找到了自己存在的價值，與這趟世界旅行的意義。

暫代櫃檯的韓國姐姐Rachel與另一位小幫手羅馬尼亞弟弟Alex，在我折返布加勒斯特的青旅後，立刻要我坐下好好休息，並貼心端上了一杯現泡紅茶與一份手做三明治給我。難掩擔憂神色的他們，正準備要出言安慰時，卻被我搶先了一步。

「能夠錯過火車真是太好了呢！」我雙手緊握著暖得發燙的馬克杯，望著他倆詫異的面容笑得開懷。

後記

要成為別人的光，先做自己的太陽

朋友們在我結束環球之旅返回台灣的當日，為我做的「卡卡達成環遊世界440天」的接機手牌與造型氣球。

Traveling
環遊世界

與阿蓁在火車站巧遇的隔日，心中踏實了許多，不全是因為總算順利地自羅馬尼亞入境保加利亞，得以將上個月的波羅的海沿岸連同這幾週的巴爾幹半島地圖完美攻略，這樣的達成人生終極目標的滿足感，更有種長年壓抑心頭的負重終於得到釋放的豁然開朗。

旅途中的許多時刻，當突發狀況打亂了既定規劃，自己被迫偏離主要幹道，起初常感到徬徨、迷惘與不知所措；乃至於過往的人生中，當自己背離常軌，也常感到苦惱、挫折與自我懷疑。

然而，無論是在遼闊地令人心慌的曠野之上、在寂寥地令人不住瑟縮的冰原之上、在伸手不見五指的迷霧之中、在絕望地令人無法喘息的黑暗之中，這一年多來，我在不知不覺中學會了，只要坦然面對自己，專注傾聽內在的聲音，就讓「心」引領自己不斷前進、不斷前進；或許暫且仍無從知曉旅途的目的性，甚或自我存在的意義，但也都無所謂，剩下的這一切，就交給時間吧。

而我這艘原先在汪洋大海中漂泊不定的小船，也終於學會如何在繁星的指引下，堅定地航向遠方，航向了自己終該下錨的地方——那個名為台灣的，我的故鄉。

從土耳其伊斯坦堡飛回台灣的班機上，像是電影散場後獨自待在座椅中，望著片尾的工作人員名單，沉浸在劇情的餘韻捨不得起身的我，反覆咀嚼著這段旅程中的各個經典場景，思索著該如何為這場年度大戲定義與命名。

烙印在我心中的每一場深刻對話，字字句句皆改變了我生命的進程；萍水相逢時一抹抹淺淺微笑，則是化作輕柔微風，在背後推動著我持續往前邁進。這趟奇幻旅程於我而言，與其說是自我探索之旅，更精確的說法應該是將靈魂重新解構並加以形塑。

從他人給予我的鼓勵與肯定中，我開始學會珍視自己；從他人給予的無私關愛中，我也學會了敞開雙臂，毫無保留地獻出真心，並坦率地接受這個世界回饋我的熱情擁抱。

而我也終於不再像過去那般，像是亟欲攀抓浮木的溺水者，渴求療癒靈魂的解方；就算沒能治好害怕孤寂的毛病，即使心靈仍不完美甚至有些破碎，我也已經能夠全然接受最真實的自己了。

因為這就是我，獨一無二的我呀。

「想問卡卡，回台後，你的登山包有計劃賣掉嗎？我怕你想保留這一年多的珍貴回憶。但如果有的話，我可以跟你買嗎？」上個月在羅馬尼亞車站再次道別的數日後，阿蓁捎來訊息，說她在總統大選日返鄉投票後，也要獨自踏上以南美洲為起始的世界

出發前YC送我的生日禮物——木製拼圖地球儀，與陪我度過無數風雨、捱過無數烈日，伴我獨自走過這440天奇幻旅程的66升登山包。

旅行。

「陪伴了我這一年多的登山包，對我而言真的好重要。但我覺得對包包本身更有意義的，不是將它安安穩穩地收妥在櫃子裡，而是讓它再次上路，讓你裝滿更多更珍貴的回憶，與更多更美好的故事回來。」

宇宙之浩瀚，世界之廣闊，漫長的一生中我們會與無數個生命甚或交織、甚或碰撞，又或者僅僅擦肩而過；但在每一個眼神對視、每一個靈魂交錯的瞬間，都必定會為彼此的人生帶來些許改變。這是我在出發這趟世界旅行前從來不曾想過的，原先脆弱且膽怯的我，有一天居然也能夠為他人帶來前進的力量、帶來追逐夢想的勇氣。有沒有可能，我或許比自己以為的更加堅強？

而我，為這樣的想法深深著迷；或許，我可以為了這樣的理由，今後也不斷地繼續走下去。

並且這次，我已不再擔心會在旅途中迷失自己；因為我已經明白，要成為別人的光，必須先做自己的太陽。

我的四百四十天的奇幻旅程，將在數個小時飛機落地後畫下句點；而阿蓁的冒險故事，在兩個月後才正要揭開序章。

MS1073
把人生裝成 66 升的背包，獨自旅行世界 440 天

作　　者　李芸綺
美術設計　兒日設計
總 編 輯　郭寶秀
責任編輯　林俶萍
行銷企劃　力宏勳

事業群總經理　謝至平
發 行 人　何飛鵬
出　　版　馬可孛羅文化
11563 台北市南港區昆陽街 16 號 4 樓
電話：886-2-25000888
發　　行　英屬蓋曼群島商家庭傳媒股份有限公司城邦分公司
11563 台北市南港區昆陽街 16 號 8 樓
客服服務專線：(886)2-25007718；25007719
24 小時傳真專線：(886)2-25001990；25001991
服務時間：週一至週五 9:00 ～ 12:00；13:00 ～ 17:00
劃撥帳號：19863813　戶名：書虫股份有限公司
讀者服務信箱：service@readingclub.com.tw

香港發行所　城邦（香港）出版集團有限公司
香港九龍九龍城土瓜灣道 86 號順聯工業大廈 6 樓 A 室
電話：(852) 25086231　傳真：(852) 25789337
E-mail：hkcite@biznetvigator.com
馬新發行所　城邦（馬新）出版集團 Cite (M) Sdn Bhd
41, Jalan Radin Anum, Bandar Baru Sri Petaling,
57000 Kuala Lumpur, Malaysia
電話：(603)90563833　傳真：(603)90576622
E-mail：services@cite.my

輸出印刷　前進彩藝有限公司
初版二刷　2024 年 10 月
定　　價　450 元（紙書）
定　　價　315 元（電子書）

國家圖書館出版品預行編目 (CIP) 資料

把人生裝成 66 升的背包，獨自旅行世界 440 天 / 李芸綺著 .-- 初版 . -- 臺北市：馬可孛羅文化出版：英屬蓋曼群島商家庭傳媒股份有限公司城邦分公司發行，2024.09
面；　公分
ISBN 978-626-7520-14-7(平裝)

1.CST: 遊記 2.CST: 世界地理
719　　113012001

城邦讀書花園
www.cite.com.tw

ISBN：978-626-7520-14-7（平裝）
ISBN：978-626-7520-13-0（EPUB）